호감 레시피

상 대 를 사 로 잡 는 마 음 의 과 학

호감 레시피

패트릭 킹 지음 • 박선령 옮김 • 김지영 아트 커뮤니케이션 디자인

인사이트앤뷰

김지영 | 아트 커뮤니케이션 디자인

서울대학교 동양화과를 졸업한 후, 제일기획에서 8년간 아트디렉터로 근무하였다. 연세대학교 언론홍보대학원 석사 및 커뮤니케이션 디자인 석사를 마치고 커뮤니케이션대학원에서 영상예술학 박사를 수료했다. 현재 ㈜아나로지텍 대표이사로 재직 중이며, 숙명여자대학교와 경희대학교에서 강의하고 있다.

역서로 「일본광고의 시적 표현: 하이쿠의 시적 이미지 표현을 중심으로」, 「텍스트와 이미지의 관계에서 나타난 '시적 이미지 연출' 표현 연구」, 「현대 시와 시각 예술의 상호 매체성 연구」, 「창의적 공유가치 창출(CSV)을 위한 디자인 속성에 관한 연구」 등이 있다.

그녀의 디자인 철학은 '시와 같은 디자인'이다. 인간의 정서와 사상을 '언어'로 표현하는 문학과, 선이나 색과 같은 조형성을 담고 있는 '이미지'는 인간을 감동하게 하고 공감하게 하는 커뮤니케이션의 원재료이다. 이것은 태초로부터 하나의 상징 언어이자 이미지였다. 또한 이 둘은 서로를 상호보완적으로 필요로 한다. 그래서 시와 이미지, 글과 그림, 문학성과 시각성이라는 화두는 작품 구성의 중요한 테마가 된다. 디자이너가 쓴 글과 시는 또 다른 '이미지 작업'이며, 보고 느끼고 감상하는 '보는 텍스트'로서의 상상력을 자극한다.

「호감 레시피」의 호종남과 호종녀의 그림은 '읽는 이미지'로, 해제 텍스트는 '보는 텍스트'로 독자의 무한한 상상력과 자의적 공감을 불러일으킨다.

호감 레시피

호감 레시피 상대를 사로잡는 마음의 과학

초판 1쇄 발행 | 2016년 5월 4일
초판 3쇄 발행 | 2021년 1월 4일

지은이 | 패트릭 킹
옮긴이 | 박선령
펴낸이 | 차현미
기 획 | 조병학
마케팅 | 권순민 오성권 Lucy 강이슬
표 지 | 강수진
내 지 | 롬디
그 림 | 김지영
해 제 | 김지영
인 쇄 | 영신사
발행처 | (주)인사이트앤뷰
등 록 | 2011-000002
주 소 | 서울시 구로구 경인로 661
전 화 | 02) 3439-8489
이메일 | insightview@naver.com

ISBN 979-11-85785-21-9

값 13,000원

CONTENTS

66

호감은 당신에게
더 멋지고 아름다운
상대를 만나게 해준다.

99

호감은 과학이다

자기가 공부하고 싶은 게 뭔지 잘 모르는 수많은 대학 1, 2학년들처럼 나도 별생각 없이 심리학을 전공으로 택했다. 심리학 지식은 이론적으로 다양한 부분에 응용할 수 있으며, 다른 분야로 옮기기도 쉬우니 심리학을 전공한다는 것은 상당히 괜찮은 선택이었다. 게다가 대부분 과목이 선다형 시험과 기말고사만 치른다는 소문도 전공 선택에 한몫했다. 하지만 그보다 훨씬 나쁜 선택을 피할 수 있었고, 결과적으로 심리학이 내 삶이나 경력을 위해 매우 유용하게 활용될 수 있다는 것을 알게 되었다.

. . .

심리학 연구는 사람들의 마음을 읽거나 꿈을 해석하기 위한 게 아니지만, 내 주위에는 그런 부분에 관해 묻는 사람이 상당히 많다. 심리학은 사람들이 어떤 행동을 왜 하는지 그 이유를 연구하는 학문이다. 이런 차원에서 생각해보면 심리학적 지식이 사회 각계각층에 유용한 이유를 쉽게 알 수 있을 것이다.

광고에서 효과를 발휘하는 요소들과 그것이 효과적인 이유, 반심리학을 효율적으로 활용하는 방법 그리고 많은 사람에 둘러싸이게 되면 어떤 행동을 취해야 한다는 강박감을 느끼지 않는 이유 등 심리학의 명확한 활용법도 있다. 이런 것은 일상생활에서 곧바로 보고 느낄 수 있는 것들이다.

그러나 내가 임상심리학 학위를 취득하면서 얻은 가장 큰 수확은 우리가 내리는 대부분의 결정이 스스로 의식하지 못하는 상태에서 무의식적으로 내리는 것이라는 사실을 깨달은 것이었다. 자기가 어떤 행동을 하고는 한참 뒤에도 그런 행동을 한 이유를 합리화하지 못하는 경우가 허다한 것이다.

. . .

심리학계에서 실시한 유명한 실험 중에 '어린 앨버트Little Albert 실험'이라는 것이 있다.

어린 아기에게 흰쥐만 따로 보여줬더니 아기는 긍정적인 반응도 부정적인 반응도 보이지 않았다. 그런 다음 연구진은 쥐를 보여주면서 동시에 앨버트가 무서워하는 요란한 소음을 들려줬다. 그런 소음을 두어 차례 들려준 뒤, 앨버트에게 다시 쥐만 따로 보여줬다. 그러자 아이는 쥐 자체를 무서워하게 되었다.

앨버트는 쥐와 자기가 싫어하는 소리를 서로 연관시키기 시작했는데, 쥐를 볼 때마다 갑자기 흠칫 놀라면서 울음을 터뜨리는 이유를 자신도 의식하지 못했을 가능성이 크다. 외견상 매우 감지하기 힘들고 별 관계도 없어 보이는 뭔가가 매우 실제적인 방식으로 사람들의 행동에 영향을 미칠 수 있다는 건 대단히 흥미로운 일이다.

사람들이 무의식적으로 부정적인 연상을 하도록 조건화할 수 있다면, 어떤 대상이나 사람에 대해 긍정적으로 반응하도록 조건화할 수도 있지 않을까? 만약 어린 앨버트가 좋아하는 음식이나 장난감과 같은 긍정적인 것을 쥐와 연관시키도록 조건화가 이루어졌다면 어떨까?

이 실험은 근대에 실시한 가장 유명한 심리학 실험인 '파블로프의 개'를 연상시킨다. 이반 파블로프Ivan Pavlov는 개에게 먹이를 줄 때마다 종을 치기 시작했다. 개는 먹이가 눈앞에 있으니 침을 흘린다. 어느 날부터는 파블로프가 종만 쳤는데도 개는 마치 실제 먹이가 앞에 놓여 있는 것처럼 침을 흘렸다. 개는 종소리를 들을 때마다 베이컨을 먹을 수 있다고 생각했겠지만, 정작 그런 생각을 하게 된 진짜 이유는 알지 못했다. 이것을 과학적으로 정리하면 당신이 호감 가는 사람이 될 수도, 당신이 곁에 없을 때 사람들이 찾게 만들 수도 있다는 얘기다.

나는 호감도를 높이는 방법을 알 수 있는 최고의 심리학 연구, 즉 과학적으로 증명된 방식을 통해 호감 가는 인물을 만드는 연구 내용을 찾기 시작했다. 이런 연구 가운데 일부는 당연한 상식을 증명한 것에 불과하다고 생각될 수도 있지만, 사실 이것은 한때 무의식의 영역에 속했던 것이 이제는 의식적인 지식이 되었기 때문이다. 이런 연구 가운데 상당수는 호감과 관련된 현상을 입증해 중요한 통찰을 안겨주는데, 어쩌면 인간 본성이나 심리에 반하는 내용으로 느껴질 수도 있을 것이다.

사실 이런 방법이 효과를 발휘하는 것은 수천 년에 걸쳐 우리 뇌가 프로그래밍이 된 방식 때문이다. 언제, 혹은 어떻게 그렇게 되는지는 정확히 몰라도 우리 뇌는 분명히 곁에 두고 싶은 사람의 이미지를 계속 만들어낸다.

이 책에서 소개하는 16가지 연구는 당신을 사랑스럽고, 호감 가고, 재미있고, 확신이 가득하고, 설득력 있고, 신뢰할 수 있으며, 즉각적으로 타인의 마음을 끄는 사람으로 만드는 검증된 방법을 알려줄 것이다. 왜 어떤 사람과는 죽이 척척 잘 맞는 데 반해 어떤 사람과는 전혀 그렇지 못할까? 이게 바로 호감의 심리학이며 과학이다.

리더, 정치가 그리고 가장 카리스마 넘치는 친구들이 단순

· · ·

히 우연과 행운을 통해 그런 모습을 띠게 된 것이 절대 아니다! 그들 스스로 깨닫고 있는지는 몰라도, 그들은 이 책에서 가르치는 내용의 상당 부분을 몸소 구현하고 있다. 이제, 당신 차례다.

하나

사람들의 기분에
영향을 미치는 법

왜 어떤 사람은 우리를 만나자마자 좋아하는 데 반해 어떤 사람은 우리에 대한 부정적인 생각을 절대 바꾸지 않는 걸까? 누군가 우리를 좋아하거나 싫어하게 되는 것이 임의로 생기는 일이어서 그냥 모든 것을 운에 맡겨야 하는 걸까?

호감도는 운에 좌우된다고 생각하는 이들이 많다. 하지만 다행스럽게도 그들의 생각은 완전히 잘못되었다. 다른 여느 감정과 마찬가지로 호감도 유발하거나 끌어낼 수 있고 결과적으로 조작도 가능하다. 목소리 크기를 조절하는 것처럼 남이 느끼는 자기 호감도의 상당 부분을 조절할 수 있다는 얘기다.

나는 사람들이 왜, 어떻게 타인에게 호감을 느끼게 되는지에 관한 100% 실증적이고도 과학적인 심리학 연구 사례를 수집했다. 그 결과 우리는 모두 구체적이면서도 미묘한 신호와 징후를 가졌는데, 이것이 타인을 바라보는 방식에 지대한 영향을 미치는 것으로 밝혀졌다. 그 신호와 징후는 대부분 미세하고 무의식적이며, 아주 사소한 부분과 관련이 있으며, 이런 것들이 정말 중요한 영향력을 발휘한다.

이반 파블로프란 이름은 다들 들어봤을 것이다. 그가 한 실험은 다시금 되새겨볼 만한 가치가 있다.

고전적 조건 형성의 아버지로 불리는 파블로프는 개를 활용한 매우 간단한 실험을 통해 이 이론을 증명했다. 그는 개에게 먹이를 줄 때마다 종을 울렸다. 시간이 지나면서 개는 점점 먹이와 종소리를 서로 연관시키게 되었다. 그리고 결국 파블로프가 종만 울려도 그 소리를 듣고 먹이를 떠올린 개가 침을 흘리기 시작하는 수준이 되었다. 개는 자기가 왜 갑자기 배가 고픈지 이유를 모른다. 당신도 이와 같은 방식을 통해 자신의 호감 지수를 끌어올릴 수 있다. 사람들은 이유도 모르면서 자기가 당신을 신뢰하고 좋아하게 되었다는 사실

...

을 깨닫게 될 것이다. 그렇게 되면 우연의 힘에 의지하지 않고도 좋은 첫인상을 심을 수 있다.

호감도를 높이는 기술을 활용하면 닫혀 있는 많은 문을 열 수 있다. 이 기술은 당신 삶의 모든 부분에 매우 긍정적 영향을 미칠 것이다. 인간관계는 행복하고 충만한 삶의 바탕이다. 호감을 높이는, 과학이 오랜 기간 증명한 심리적 단서를 활용해 좋은 관계를 키우자.

상대의 기분을 북돋아라

아이히Eich, 모콜리Macauley, 라이언Ryan이 1994년에 공동으로 시행한 연구를 통해, 외부와 단절된 공백 상태에서는 기억도 존재하지 않는다는 사실이 밝혀졌다. 기억은 전후 상황이나 주변 환경, 사건 그리고 그 기억이 생기는 순간의 기분과 깊은 관련이 있다.

다시 말해 긍정적인 기억이 생겨난 순간에 그 사람의 주변

...

에 있었던 뭔가를 떠올리게 하면, 그때의 느낌이 되살아나면서 기분이 좋아지는 것이다. 그리고 당신도 그 일과 관련된 상황을 떠올리면서 기억이 점차 선명해지므로 상대방이 그때 벌어진 일들을 명확하게 이해하도록 도울 수 있다. 이런 모든 것은 서로 밀접하게 연결되어 있어서 다른 일을 기억해내는 데도 도움을 준다. 그렇다면 이것이 우리에게 의미하는 바는 무엇일까?

우리의 기분과 기억은 밀접한 관련이 있다. 당신이 누군가의 기분을 북돋울 필요가 있다고 생각되면, 그들이 최고의 기분을 느꼈던 당시에 주변에 있던 사물이나 사람, 벌어진 사건 등에 관해 얘기하는 것이 좋다. 또한, 말을 건네면서 긍정적인 기억을 떠올리도록 유도할 수도 있다. 상대방의 기분에 맞는 즐거운 기억을 상기시키는 데 성공한다면, 그들은 당연히 당신에게 마음이 끌리게 된다.

지난겨울에 간 스키장 슬로프가 얼마나 우스꽝스러운 형태로 만들어졌었는지 떠올리게 하면 그 기억에 영향을 받을수밖에 없다. 그들은 과거에 느낀 이와 같은 즐거운 기분을 지금 자기 앞에 있는 당신과 결부시키게 되고, 결국 당신을 긍정적인 감정과 연결하기 시작한다.

자신의 존재를 과거의 즐거웠던 기억과 연결하는 능력이 생기면 다른 이들과 친밀감을 쌓을 기회도 생긴다. 이런 정서적인 친밀감이 생기면 그 사람들은 당신이 '자신을 이해해 준다.'고 느끼게 된다. 그리고 당신 곁에서 한 경험들을 한껏 긍정적으로 해석하게 된다. 이런 상황이 자신에게 유리하게 돌아가도록 하려면 먼저 상대방의 기분이 어떤지 정확하게 파악해야 한다.

사람들의 기분을 파악하라

누군가의 기분을 알아내는 가장 간단한 방법은 중립적인 질문을 던지는 것이다. 이 질문에는 정답도 오답도 없다. 그저 사람들이 이 질문에 중립적이지 못한 방식으로 대답하지 는 않는지 알아보기 위한 것이다.

그리고는 그들의 대답이 긍정적인지, 아니면 부정적인지를 살펴야 한다. 만약 이도 저도 아닌 대답을 하거나, 자기 의견을 확실하게 밝히지 않는다면 좀 더 확실한 답을 얻기 위해 질문을 바꿔 다시 질문해야 할 수도 있다. 이때 가장 손쉽게 할 수 있는 질문은 "오늘 별일 없었어?"나 "이번 주는 지내기가 어때?"와 같은 것들이다.

그러면 사람들이 이런 질문에 대답할 때 드러나는 몸짓 언어나 어조를 통해 그들의 기분을 쉽게 알아낼 수 있다.

긍정적인 방식으로 영향력을 발휘하라

당신이 일단 누군가에게 중립적인 질문을 던지고 긍정이든 부정이든 그에 대한 답을 들었다면, 그들의 기분을 좋게 만들어 긍정적인 답변을 끌어낼 수 있다. 연구결과에 드러난 것처럼, 그들의 긍정적인 기억 속에 존재하는 요소를 끄집어내는 것이다.

예를 들어보자. 누군가 지난번에 스키를 타러 갔을 때 아주 즐겁게 지냈다는 것을 알고 있다면, 그들이 그 여행에 관해 했던 얘기를 다시 꺼내는 것이다. 그래서 그들이 얘기를 다시 하도록 만든다. 여행 계획을 어떻게 짰는지 물어보고 그들이 묵은 스키 산장을 추천하는지도 물어본다. 그 주말에 술을 마시면서 했던 여러 가지 게임에 대해서도 물어본다.

상대방이 느꼈을 행복한 기분과 기억 요소를 끄집어내는 방법을 통해 그들이 현재 느끼는 기분을 고조시킬 수 있다. 그들은 이 방법을 통해 자신의 긍정적인 기분을 당신과의 상호 작용과 연관시킨다. 결국, 당신과 함께 보내는 시간과 긍정적인 감정 범위를 동일시하게 되고, 이것은 당신에게 호감을 느끼는 데 결정적인 역할을 한다.

다른 예를 살펴보자. 중립적인 질문을 통해 어떤 사람의 기분이 별로 좋지 않다는 걸 알아차렸다고 하자. 그 사람과 예전에 나눈 대화에서 그가 자전거 타는 것을 좋아하고 지금도 가장 좋아하는 취미가 자전거 타기라는 것을 알고 있다. 그들의 기분을 북돋워 주기 위해 자전거 타기의 어떤 요소를 대화에 끌어들일 수 있을까?

  가장 근사했던 자전거 모험, 자전거를 타고 가장 멀리까지
갔던 날, 좋아하는 자전거, 함께 자전거를 타는 친구들, 최근
에 산 장비 등 다양한 화제 중에서 어떤 것이든 좋다. 대화를
나누는 상대방이 과거에 긍정적인 기분을 느꼈던 행복한 기
억을 다시 떠올리고, 그 행복하고 긍정적인 기억을 당신과 나
눈 대화와 동일시할 수만 있다면 그들이 자기 인생의 긍정적
인 요소와 당신을 동일시할 수 있는 상황이 조성된다.

모든 과정은 무의식적으로 이루어진다

  계속 같은 요소와 주제만 반복적으로 만들어내면 상대는
당신이 대화의 방향을 조작하려고 한다는 걸 명확하게 느끼
게 된다. 긍정적인 기분을 자신의 존재와 연결하려는 노력이
빤히 보이는 것이다. 그러면 당신을 좋아하게 되기는커녕 입
을 꾹 다물고 대화를 중단하게 될지도 모른다. 그보다 더 좋
지 않은 점은 당신의 의도를 의심하거나 회의적인 태도를 보

...

일 수도 있다는 것이다.

이는 파블로프의 개가 그랬듯이, 갑자기 침을 흘리게 되는 최종적인 결과에 도달할 때까지 이 모든 상황이 확실하게 의식되면서 이루어지는 과정이 아니라는 점이다. 사람들의 기분에 영향을 미치면 상대방은 그 이유는 정확히 몰라도 어쨌든 당신을 보다 긍정적인 방향에서 좋게 평가하게 된다.

이번 장에서는 사람들의 기분에 영향을 미치는 방법에 대해 다루었는데, 그게 반드시 기분을 좋게 만드는 쪽이 아닐 수도 있다. 호감이라는 맥락에서 보면 사람들의 기분에 영향을 미칠 때 반드시 긍정적인 방향으로 영향력을 발휘해야 하지만, 무의식에 작용하는 이 엄청난 영향력을 활용하면 사람들의 기분을 당신이 원하는 다른 방향으로 움직일 수도 있다. 다만 그것이 항상 만족스러운 결과나 그에 따르는 연계 효과를 안겨주지는 않을 것이다.

어느 누가 최근에 참석한 장례식을 떠오르게 하는 사람과

. . .

어울리고 싶겠는가? 하지만 카드를 제대로만 활용하면 사람들이 무의식적으로 자신의 행복한 기억과 기분을 당신의 존재와 동일시하기 시작할 것이라는 사실을 기억하자.

호종남 노하우

미모의 그녀가 왠지 우울해 보인다. 3박 4일 일정으로 여행을 가려고 하는데, 추천
해줄 만한 곳이 있는지 물어보자. 본인이 다녔던 여행지를 머릿속으로 그리다가
좋은 곳을 한두 곳 추천해 줄 것이다. 그러면, 그중에서 꼭 가야 하는 음식점이나
상점을 추천해 달라고 해보자. 그녀의 마음은, 어느덧 기분 좋았던 여행의 기억 속
에서 춤을 추고 있다. 당신과 얘기하고 나서 어느덧 기분이 좋아졌다고 느낀 그녀.
그는 어느덧 그녀의 호감남이 되었다.

둘

사람들의
마음을 읽는 법

피곤해 보이는 사람은 지금 피곤하다고 느낄 가능성이 크다. 둘째 장은 이게 끝이다. 하하, 농담이다. 우리 겉모습은 내면세계를 반영하기 때문에 대개 겉모습을 보면 그 사람의 기분을 파악할 수 있다. 하지만 한두 단계 더 깊이 들여다보면 놀랍도록 쉽게 사람의 마음을 읽을 수 있다. 그리고 표정만 봐서는 제대로 알 수 없는 기분도 정확하게 파악할 수 있다.

진짜 생각을 읽어라

1880년대에 제임스James와 랑게Lange는 우리가 어떤 감정을 느끼는 이유에 대한 이론을 제시했다. 그들은 우리가 물리적인 사건과 자극을 먼저 경험하고 그 각성 상황을 해석한 뒤,

어떤 감정을 느낄지를 개별적으로 결정한다고 주장했다. 감정은 우리가 느끼는 신체적 각성 양에 따라 결정되며, 우리가 그 자극을 어떻게 생각하는지 알려주는 기능을 한다.

다시 말해 산길에서 갑자기 곰을 발견하면 심장 박동이 빨라지고 손바닥에 땀이 밴다. 이때 당신의 정신은 신체적인 각성과 외부의 자극이 합쳐져 공포라는 감정이 생긴다고 판단한다. 우리는 감정과 연계되는 물리적인 자극을 보고 난 뒤에 비로소 감정을 느끼게 되는 것이다.

이것이 우리에게 시사하는 바는 무엇인가? 우리는 겉으로 드러나는 사람의 겉모습뿐만 아니라 그들이 벌어진 일에 대해 얼마나 관심을 가지는지를 보고 그들의 진짜 생각을 읽을 수 있어야 한다. 온종일 어떤 일을 겪었고, 그 일에 대해 얼마나 흥분하는지를 바탕으로 사람의 마음을 읽어야 한다는 얘기다.

. . .

사람들의 실제 감정을 추론하라

이번 장에서 소개하는 과학적인 방법을 활용해 사람들의 마음을 읽어보자. 이것은 수많은 신호를 살피면서 진행되는 전체적이고도 체계적인 과정이다.

첫 단계는 상대방의 신체적인 상태를 보면서 어림짐작을 하는 것이다. 그들의 활력 수준이나 반응 속도, 표정, 신체 언어, 자세와 같은 외부 신호를 파악해야 한다. 그다음에는 당신이 처음에 추측한 기분이 정확했는지 알아보기 위해 개방형 질문을 던진다. 오늘 하루를 어떻게 보냈는지 물어볼 수도 있다. 이 질문에 대한 상대방의 대답을 통해 모든 상황을 종합할 수 있는 징후를 포착하게 될지도 모른다. 이것은 모두 그들의 실제 감정 상태를 추론하기 위한 것이다.

제임스와 랑게가 가장 중요하다고 말한 마지막 단계는 그들이 종일 뭘 했는지 알아내는 것이다. 그들이 하루 동안 어떤 물리적 자극을 받았는지 파악하는 게 이 단계의 핵심이다. 물리적 자극이 어떤 느낌을 주느냐에 따라 자기가 느낄

...

감정을 정한다는 사실을 기억하자. 따라서 그들이 종일 어떤 일을 했는지 알아낸 다음, 그 일로 인해 얼마나 흥분했었는지 넌지시 물어봐야 한다.

그렇게 해서 예컨대 퇴근하고 집에 돌아오던 길에 곰과 맞닥뜨렸다는 사실을 알아냈다면, 그들은 어떤 신체적 반응을 보일 것 같은가? 아마 극도의 각성과 높아진 심장박동 수, 붉어진 얼굴, 땀이 밴 손바닥과 같은 투쟁 도주 반응Fight or Flight Reaction이 강하게 나타날 것이다.

만약 그들이 이런 일에 흥분하지 않고 신체적인 각성도 일어나지 않았다면, 그들의 마음을 읽는 데 도움이 되지 않을 것이다. 예를 들어, "별로 큰일도 아니었어. 난 황야에서 곰이랑 어울려 사는 데 익숙한 걸 뭐."라고 대답했다면 어떨까? 하지만 그들이 곰 때문에 흥분하고 곰에게 마음을 빼앗긴 게 확실하다면 어떤 감정을 느끼게 될까? 공포, 들뜸, 믿기지 않음, 흥분.

만약 직장에서 봉급이 인상되었다면 어떨까? 봉급 인상에

. . .

별로 흥분하지 않는 것처럼 보인다면 이 또한 그들의 마음을 읽는 데 도움이 되지 않을 것이다. 하지만 그들이 보통 사람처럼 흥분한다면 어떤 신체적 반응을 보이고 그에 따라 어떤 감정이 생겨날까? 행복, 기쁨, 의기양양함.

이런 3단계 추론 방법을 활용하면 상대방이 자기 기분을 겉으로 드러내지 않더라도 성공적으로 기분을 읽어낼 수 있다. 신체적인 자극을 받은 게 최근의 일일수록, 자극이 강할수록 그 사람의 마음을 읽기가 더 쉽다는 사실을 명심하자.

이번 장에서는 계속 당연한 소리만 늘어놓는 것 같겠지만, 사람들이 자신의 진짜 기분이나 감정을 명확하게 드러내는 것은 매우 드문 일이다. 그들이 어떤 물리적 자극을 겪었고 그것에 대해 얼마나 신경을 쓰는지 알아낼 수 있다면, 그 사람이 느끼는 감정을 파악하는 데 필요한 정보를 모두 얻을 수 있다.

· · ·

모든 것이 호감과 연결된다

감정 상태를 파악하면, 그들을 격려하거나 기분을 북돋기 위한 긍정적인 신호를 보낼 수 있다. 타인의 기분을 상승시키기 위해 사용할 수 있는 방법에 한 가지 제약이 있다면, 그것은 당신의 창의력과 상상력뿐이다. 어떤 사람은 이야기에 좋은 반응을 보인다. 농담을 좋아하는 이도 있다. 그런가 하면 동기를 유발하는 연설이나 격려의 말을 좋아하는 사람도 있다.

여기서 핵심은 사람들이 자기 기분을 스스로 북돋도록 하는 것이다. 남아 있는 긍정적인 감정의 장작에 연료를 더 부어서 불길이 활활 타오르게 하자! 풀이 죽었거나, 자신의 진가를 인정받지 못한다고 생각하거나, 낙담에 빠져 있다면 그런 축처진 기분을 북돋아야 한다. 당신이 그런 일을 많이 할수록 당신이라는 존재를 긍정적인 일과 연관시키는 경우가 늘어난다. 이것은 호감을 높이는 데 매우 중요한 역할을 한다.

. . .

호감이란 무엇인가

아주 간단하다. 사람들이 당신 주위에 있고 싶어 하는 것이다. 당신 곁에서 좋은 기분을 느낀 사람은 당신에 대해 더 자세히 알고 싶고 유대감을 키우고 싶은 마음이 생긴다. 당신이 그들에게 행복한 기억을 떠올리게 해주거나, 긍정적인 잠재력을 되새겨주는 것이다. 그들에게 상기시키는 게 무엇이건 간에, 그 내용은 반드시 긍정적이어야 한다.

누군가가 느끼는 감정의 미묘한 차이와 그가 그런 감정을 느끼는 이유를 알아차리는 능력이 있으면 피상적인 수준을 넘어 그들과 친밀한 관계를 맺을 수 있다. 사람들과 친한 친구가 될 수 있고, 그 친구들은 당신을 진정한 독심술사로 여기게 될 것이다. 하지만 당신이 실제로 한 일은 그들이 겪은 물리적 자극을 파악하고 전체적인 징후를 관찰한 것뿐이다.

호종남의 눈길 스캔

좀처럼 자기 속마음을 보여주지 않는 완벽녀 A, 하지만 이 사람의 마음을 읽을 수 있다면 모든 여자의 마음도 읽을 수 있다. 완벽녀 A에게 오늘 어떤 일이 있었는지 물어보며, 대답할 때 그녀의 신체 징후를 살핀다. 눈빛, 말하는 속도, 손의 제스처, 숨소리 그리고 숨길 수 없는 다양한 표정과 흥분한 말투……. 평소와 다른 점을 놓치지 말자. 비슷한 경험을 이야기하거나, 좋지 않은 기분을 풀 때 무엇을 하는지 물으면 호감 상승! 그녀를 UP 시켜라! 완벽녀 A가 "전 보통 노래로 풀어요."라고 한다면, "그럼 우리 같이 노래방 가요. 난 춤도 춰줄 수 있어요!"라고 하면 된다.

셋

적을 친구로
만드는 법

우리가 살면서 만나는 대부분 사람은 친구와 적 사이에 존재하는 거대한 회색 영역에 속한다. 이는 우리가 아는 사람 대부분이 실제로 중립적이기 때문이다. 당신은 그런 사람들을 결혼식에까지 초대하지도 않을 것이고, 그들이 직장에서 해고되더라도 별로 슬퍼하지도 않을 것이다. 대부분은 받아들일 수도 있고 버릴 수도 있는 사람들이다. 한마디로 오랜만에 고등학교 동창회에 나가면 만날 수 있는 그런 사람들이다.

하지만 우리는 불가피하게 삶의 어느 부분에는 적을 두고 있다. 그게 당연하다거나 합리적이라는 얘기는 아니지만, 우리가 모든 사람의 마음에 들 수는 없는 노릇이다. 어쩌면 도로에서 자기도 모르게 남의 차 앞에 끼어드는 바람에 새로운 적을 만들었을 수도 있다. 살다 보면 그런 일이 종종 벌어지

...

46

는 게 인생이다.

친구Friend와 적Enemy을 합성한 신조어인 프레너미Frenemy 또는
적과, 진짜 친구의 가장 큰 차이점은 그들이 어떤 행동을 할
때 배후에 깔린 의도에 있다. 친구는 겉으로 냉혹한 행동을
하더라도 실제로는 당신을 돕거나 당신의 삶을 개선하려는
의도가 있다. 그들은 항상 선의에서 우러나는 행동을 한다.

반면 프레너미나 적은 항상 당신을 해칠 궁리만 한다. 설
령 당신에게 도움이 되는 일을 하더라도 그런 일을 하는 진짜
이유는 당신이 실수하도록 유도하거나, 다른 방식으로 피해
를 주기 위해서다. 어쩌면 실제로 당신에게 진짜 도움을 줘
서 순간적으로 현혹할 수도 있다. 하지만 결국 그들이 원하
는 건 당신이 실패하고 고통을 겪고 해를 입는 것이다.

적을 친구로 만들기

프레너미는 웹스터Webster 사전의 정의에 따르면, '그 관계를

· · ·

통해 이익을 얻을 수 있으므로 다른 사람에게 친근하게 대하지만, 상대에게 분노 또는 경쟁의식을 품고 있는 사람이나 집단'이라고 한다. 당신에게 진짜 적은 없어도 프레너미가 한두 명이라도 있다면, 이번 장에서 소개하는 과학적인 방법을 활용해 그들의 호감을 살 수 있다.

연구결과에 따르면, 실제로 적을 친구로 만드는 건 생각보다 쉬우며, 그들은 무슨 일이 벌어졌는지조차 알아차리지 못할 것이라고 한다.

이것은 미국 헌법 제정자 중 한 사람인 벤저민 프랭클린 Benjamin Franklin이 처음 관찰한 현상인데, 1969년에 제커 Jecker와 랜디 Landy가 이것이 사실임을 증명하고 확인했다. 제커와 랜디는 간단한 행동 한 가지, 즉 사소한 부탁을 하는 것만으로도 손쉽게 적을 친구로 바꿀 수 있다는 벤저민 프랭클린의 주장이 사실인지 알아보기로 했다.

직관에 어긋나는 주장처럼 보이겠지만, 제커와 랜디는 실제로 실험에 참여한 이들이 자신에게 어떤 부탁도 하지 않

은 연구진보다 사소한 부탁을 한 연구진을 더 좋아하는 경우
가 훨씬 많다는 사실을 확인했다. 이것이 우리에게 시사하는
바는 무엇인가? 어떤 사람이 원래 당신을 좋아했건 싫어했건
상관없이 그냥 작은 부탁을 하는 것만으로도 당신의 호감도
가 올라간다는 얘기다.

이는 일반적인 상식에도 다소 어긋나는 얘기다. 대개 우리
는 예전부터 마음에 들던 사람이나 자기를 좋아하기를 바라
는 사람의 부탁만 들어주게 마련이다. 그렇게 친절을 베풂으
로써 그들에게 좋은 인상을 심어주고 자신의 가치를 알리고
싶은 것이다. 반면 싫어하는 사람을 위해 뭔가를 하는 것을
주저하고 그들이 자기를 어떻게 생각하건 신경 쓰지 않을 것
으로 생각한다.

그렇다면 어째서 벤저민 프랭클린 효과가 효과를 발휘하
는 것일까? 사람들은 자기 행동을 정당화해야 하므로, 자신이
당신의 부탁을 들어주는 것을 사실은 당신을 좋아하기 때문
이라고 생각한다. 그리고 이런 생각이 역으로 작용해서 실제
로 당신이 좋아지기 시작한다. 이처럼 적을 친구로 만드는 방

• • •

법은 아주 간단하다. 당신의 프레너미나 적, 당신에게 부정적인 생각을 품고 있는 지인들에게 사소한 부탁을 하면 된다.

상대방의 노여움을 사지 않을 만한 사소한 부탁이 뭔지 잘 모르겠는가? 예를 들면, 선반에 있는 뭔가를 꺼내달라고 부탁하는 것처럼 아주 작은 일도 괜찮다. 아니면 식당에 갔을 때, 당신이 화장실에 간 사이에 대신 주문을 해달라고 부탁할 수도 있다. 아니면 그들이 전문적인 어떤 일에 관한 의견을 달라고 부탁하는 것도 괜찮다. 아니면 차에 있는 식료품을 집안으로 운반하는 걸 도와달라고 할 수도 있다.

이런 사소하고 미묘하며 심지어 무관해 보이는 일들이 두 사람 사이에 오가는 상호 작용을 증가시키고 엄청난 인지 부조화Cognitive Dissonance 상태를 일으키는데, 이는 곧 그들이 본질에서 자신의 행동에 모순을 느끼게 된다는 의미다. 그리고 그들은 자기가 사소한 부탁을 들어줄 정도라면 당신이 그리 나쁜 사람은 아닐 거라고 필연적으로 합리화하게 된다. 결국, 당신은 그런 정신적인 혼란 상태에서 승리자가 된다.

당신이 먼저 첫발을 떼라

당신도 그들을 위해 감지하기 힘든 사소한 호의를 베풀 수
있다. 사람들에게 호의를 베푼다는 것은 당신이 친절하다는
의미이며, 그들에게 악의를 품고 있지 않다는 명확한 신호를
전한다. 즉 평화의 백기를 드는 셈이다.

적어도 앞으로 그들은 당신을 전혀 쓸모없는 사람으로 여
기거나, 회의적인 태도를 보이거나, 의심을 하여야 하는 사람
으로 분류하지는 않을 것이다. 다른 사람에게 호의를 베풀면
사람들의 마음속에 호감 가는 인물로 자리를 잡을 수 있다.
적어도 그들이 처음에 당신에게 품었을지 모르는 반감을 중
화시키는 역할을 한다. 그리고 벤저민 프랭클린 효과는 당신
이 다른 사람을 위해 호의를 베풀면 그 사람에 대한 긍정적인
감정이 생기기 시작한다는 사실도 증명한다.

그들이 왜 그런 행동을 하느냐고 동기를 물어보면, 당신은
주변 사람 모두에게 호의를 베푸는 게 얼마나 쉬운 일인지 얘
기하면 된다. 또 당신은 모든 사람에게 똑같이 호의를 베푼

· · ·

다는 얘기도 해야 한다. 이 부분이 특히 중요하다. 그렇지 않으면 당신이 자기를 조종하려 든다고 여길지도 모른다.

당신은 사람들이 좀 더 미묘하고 복잡한 시각으로 당신을 바라볼 기회를 제공하는 것이다. 우리는 보통 친구는 좋고 적은 나쁘다는 매우 단순한 기준에 따라 서로를 규정하기 때문에 이것만으로도 상당한 진전이다. 적에게 친절한 태도를 보이는 커브볼을 던지면 그들은 당신을 지금까지와는 다른 시각으로 보게 된다. 이렇게 할 수 있다면, 당신에 대한 그들의 생각을 바꾸는 나름의 방법이 생기게 된다. 흔히 "적을 이기려면 친절하게 대하라."라고 하는 이유다.

서두르지 말라

당신의 잠재적인 새 친구가 당신에게 호의를 베풀어도 거기에 즉각적으로 보답하려고 해서는 안 된다. 사실 아예 보답할 생각을 하지 말아야 하며, 상호주의의 원칙에 따라 빚을 갚고 싶다는 의사를 밝혀서도 안 된다. 서둘러 호의를 되돌려주려고 하다가는 그들을 조종하거나 이용하려 한다는 생각을 심어줄 위험이 있다. 심지어 당신이 자기를 속이려 한다고 생각할 수도 있다. 이는 물론 당신이 얻고자 하는 효과와는 정반대의 현상이다.

오히려 예상하는 보답 시한을 최대한 연장해야 한다. 사실 보답하는 일에 아예 신경을 쓰지 않는 게 좋다. 그보다는 누군가 당신이 가진 생각을 바꾸기 위해 이런 행동을 했다는 사실에 집중해야 한다. 사람들은 상당히 잔인해질 수 있지만, 반면 쉽게 무장을 해제할 수도 있다. 적에게 어떤 일을 부탁하면 아마 놀라운 반응을 얻게 될 것이다. 게다가 부탁을 거절당하는 경우조차 거의 없다.

다음에 당신이 똑같은 부탁을 할 경우, 상대방이 얼마나 긍정적인 반응을 보이는지 놀라게 될지도 모른다. 그리고 그 대가로 뭔가를 얻게 될 것이다. 실제적인 이익을 얻는 동시에 호감도 또한 높아지는 것이다.

· · ·

부
탁
사 한
소

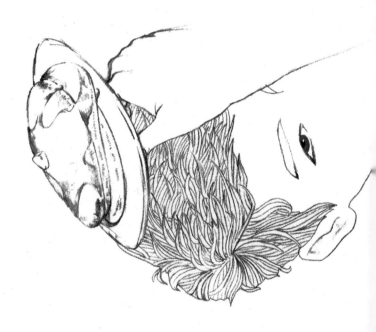

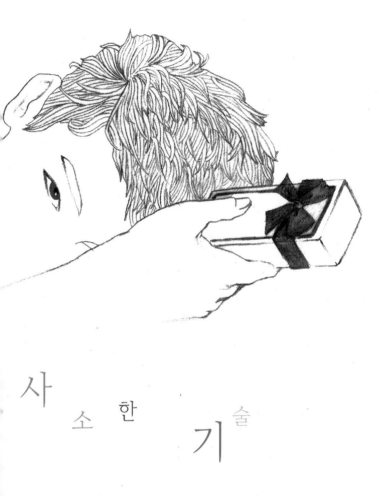

사소한 기술

호종남의 거절할 수 없는 사소한 부탁

해외여행을 자주 다니는 호감녀 A, 그런 그녀에게 사심 가득한 B. 비용을 줄 테니 면세
점에 들러 향수 하나만 사달라고 부탁한다. 향수를 사서 돌아온 A에게 B는 고마움의 표
시로 근사한 저녁을 사겠다고 한다. 향수를 고르고 사다준 정성을 생각하면 저녁 한끼
는 대접을 받아야 마땅하다고 호감녀 A는 생각한다. A는 B와 같이 자리를 하고, 자기도
모르는 저녁 식사 데이트를 하는 중이다.

넷

남에게
이용당하지 않는 법

우정을 판단할 때, 친구와의 우정으로 얼마나 많은 이익을 얻는가를 기준으로 삼는다면 이는 무례한 행동이다. 누구도 그런 식으로 생각하고 싶어 하지 않는다. 적어도 겉으로는 말이다.

당신이 친구들과 어울리는 건 그들과 같이 시간을 보내는 게 즐겁기 때문이며, 대인관계가 당신의 인생에서 가장 중요한 부분이기 때문인가? 물론 공개적으로는 늘 그렇다고 말할 것이다. 그러나 사실 사람들은 무의식적으로 그런 관계를 통해 얼마나 많은 이득을 얻는가를 근거로 자기가 맺은 모든 관계를 평가하는데, 그 이익이 반드시 물질적이거나 피상적이거나 금전적이지는 않다.

사실 그런 식으로 측정되는 경우는 드물다. 우정이나 대인관계의 가치는 대부분 감정적인 면으로 측정된다. 당신은 관계의 가치에 관해 그 밖에 또 무엇을 알고 있는가? 우리는 일반적으로 서로 주고받는 가치가 같을 때 가장 큰 만족감을 느낀다. 관계가 한쪽으로 치우쳐서 상대방에게 이용만 당하고 제대로 된 도움은 받지 못한다고 느끼는 경우가 있는데, 이는 배우자나 애인처럼 중요한 사람과의 관계뿐만 아니라 일반적인 친구와의 우정에서도 충분히 발생할 수 있는 일이다.

배후에서는 항상 이런 일이 벌어지는데, 그렇다고 그게 반드시 해로운 것도 아니다. 하지만 당신이라면 누군가 금전적 혹은 정서적 도움이 필요할 때마다 당신을 이용하면서 정작 당신에게 그런 도움이 필요할 때는 늘 매정하게 등을 돌리는 그런 불평등한 우정을 유지하고 싶은가?

이것을 당신에게 유리하게 활용하면 더 호감도 높은 사람이 될 수 있고 또 절대 남에게 이용당하지 않을 수도 있다. 과학자들의 연구를 통해 우리는 대인관계에서 오가는 호의를 의식적으로든 무의식적으로든 계속 기억해두고 있다는

사실이 드러났는데, 이런 것을 기억하는 관계가 가장 행복한
관계다.

평등한 관계를 지향하라

1978년에 월스터Walster 부부와 버샤이드Berscheid가 평등한 관
계에 관한 이론을 조사했다. 좀 더 정확하게 말하자면, 불공
평한 부분이 있으면 관계에 어떤 균열이 생기는지 조사했고,
결국 가장 만족스러운 최고의 관계에는 누가 더 희생하고 더
많이 봉사했는지를 알려주는 내면의 점수판이 존재한다는
사실을 알아냈다. 점수판에 기재되는 내용은 밥을 사는 사소
한 금전적인 부분부터 감정적인 교환까지 다양했다.

우리는 평등 의식에 좌우되는 경우가 많다. 예컨대 자신에
게 주어진 역할을 다하지 않았다는 생각이 들면 그에 대해 과
잉 보상을 하려고 든다는 의미다. 회사에서 잔업을 많이 하
는 사람이 가족을 호화로운 휴가 여행에 데려가는 것은 가족
관계에서 균형을 맞추고 서로 교류할 시간을 놓쳐버린 것을

만회하기 위한 무언의 사과라고 할 수 있다.

이것이 시사하는 바는 무엇인가? 평등한 관계를 위해 자신에게 중요한 부분을 모두 기억하고 실제로 그걸 기재할 수 있는 마음속 점수판을 만드는 것이 타인에 대해 책임감 있는 모습을 보이며, 더 만족스러우며, 좋은 관계를 일궈나가는 데 도움이 된다. 양쪽의 점수를 균등하게 유지하기 위해 적극적으로 노력하면 더욱 호감 가는 사람이 된다.

사람들은 부채감과 불평등을 싫어한다

우리는 평등한 것을 좋아한다. 누구나 자기만 계속 받아서 부채감을 느끼는 것을 싫어하고 자기가 주기만 하는 불평등한 것도 싫어한다. 어떤 면에서든 불평등한 부분이 있다면, 양 당사자들은 이 두 가지 감정 가운데 하나를 느끼게 된 것이다.

일례로 친구의 차를 계속 고쳐주기만 하는 사람이 있다면 그는 억울하고 부당하다는 생각이 들 수 있다. 자기가 이용 당한다는 느낌이 들면서 그런 우정을 지속할 가치를 느끼지 못하는 것이다. 반면 그 차를 소유한 친구는 부채감과 죄책감, 우정에 대한 불안감 때문에 부담을 느끼게 된다.

사람들은 남에게 빚지는 것을 좋아하지 않는다. 또 자기가 친구에게 주는 것보다 받는 게 더 많다고 느끼는 것도 싫어한다. 서로 평등한 위치에 있는 평등한 우정은 그런 문제가 발생하는 걸 방지한다.

우리는 평등주의를 원하기 때문에 다른 사람도 자신의 책임을 다하기를 기대한다. 다시 말해, 당신과 나는 평등하므로 서로 독립적이고 책임감 있는 태도로 자급자족하기를 기대하는 것이다. 만약 당신이 내게 계속 의지한다면 나는 당신을 평등한 존재로 볼 수 없다.

평등주의는 단순히 사람들이 당신을 자기와 동등한 존재로 여기기 때문에 기분이 좋다는 선에서 끝나지 않는다. 여기에는 역할과 책임, 그리고 기대가 따른다.

. . .

평등의식을 활용하라

우리는 평등의식을 본인에게 유리하도록 활용하고 친구와의 관계에 불공평한 부분이 있다는 걸 공개적으로 알려야 한다. 이를 통해 상대방이 느끼는 너무 많이 받았다는 죄책감과 너무 많이 주었다는 불평등한 감정을 없애야 한다.

당신이 더 큰 이익을 받는 불평등한 상황이 존재한다는 것을 깨달았다면, 그 사실을 공개적으로 밝히고 될 수 있으면 이른 시일 안에 상황을 바로잡아야 한다. 그러면 상대방은 당신이 최대한 빨리 빚을 갚으리라는 사실을 알게 되므로 당신을 신뢰하게 된다. 그리고 이용당한다는 불쾌한 느낌도 그들의 마음에서 사라질 것이다.

예를 들어, "지난번에 날 공항까지 태워줬는데 아직 아무 보답도 못 했네. 미안해서 그러는데, 오늘 저녁은 내가 살게." 라고 공개적으로 말하면 상대의 분노와 부당하다는 느낌이 다소 누그러질 수 있다. 그리고 "지난번에 같이 저녁 먹을 때 네가 샀잖아. 이번에는 내가 사야 할 것 같은데?"라고 말함으

· · ·

로써 죄책감을 덜 수도 있다.

비록 이런 한 번의 행동으로 모든 상황이 평등해지지는 않
겠지만, 이런 행동을 통해 상대방이 당신의 성격을 알게 되고
그에 따라 당신에 대한 호감도도 높아진다. 상황이 불평등하
다는 걸 공개적으로 밝히고, 그런 사실을 인식하고 있다는 걸
보여주기만 해도 되는 경우도 종종 있다. 그리고 당신이 부
당한 대우를 받고 있다고 느끼면 상대방에게 그걸 보상할 기
회를 줘야 한다. 그 기회를 잡지 못하는 사람은 당신이 계속
친구로 사귈만한 사람이 아닐지도 모른다.

현재 상황이 불평등하고 그런 상황을 바로잡고 싶다는 의
사를 명확하게 전달하면 상대방은 무의식적으로 당신을 더
좋아하게 된다. 당신은 불의를 참지 않고 저항하는 사람이기
때문이다.

우리는 모두에게 이익이 되는 관계를 맺길 원한다. 이런
상호이익 관계를 계속 주장하면 사람들은 당신을 존경할만
한 사람이라고 느낄 수밖에 없다. 당신은 자기 권리를 지키

기 위해 당당히 싸우는 사람이며, 결코 남에게 쉽게 속아 넘어가거나, 이용당할 사람이 아니라는 걸 느끼게 되는 것이다. 이건 누가 봐도 호감 가는 성격이지 않은가?

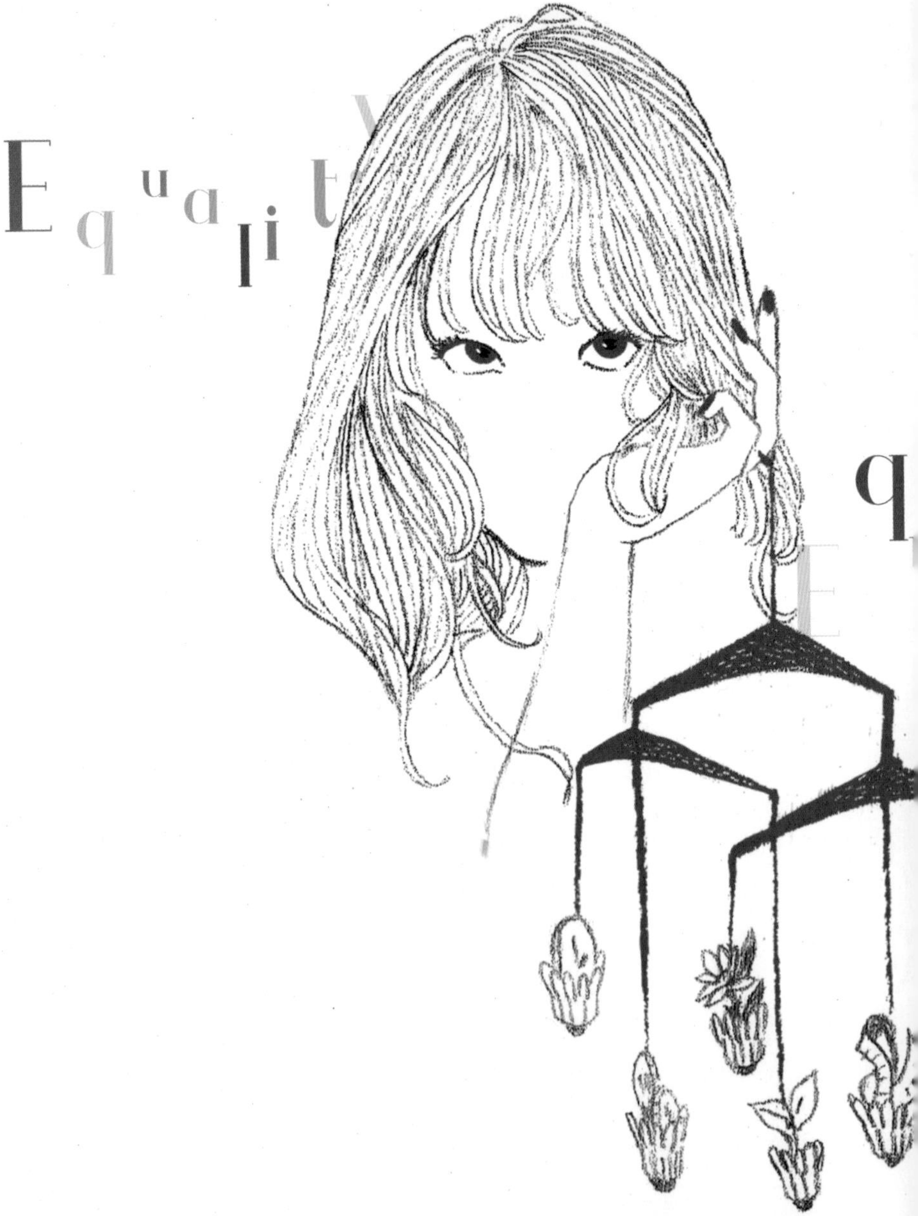
Equality

ality Equality

호종녀의 기울어지기 시작한 저울

그를 위해 뭔가 준비하고 계획할 때 나는 행복하다. 그런데 언젠가부터 행복
하지 않다. 그가 내 시간과 정성과 진심 어린 마음을 너무 당연하게 여긴다는
느낌이 들면서부터다. 탈탈 털리는 느낌이 드는 순간, 균형을 잃은 남녀 관계
는 깨지는 법이다. 아낌없이 주는 나무는 옛말일 뿐이다.

다섯

단시간에
친한 친구가 되는 법

격렬한 미식축구 경기가 진행되는 경기장에 가본 적이 없는 사람들을 위해 내가 그곳 분위기가 어떤지 설명하겠다. 한마디로 아수라장인데, 주변을 둘러싼 광적인 응원 열기에 빨려 들어가지 않을 수 없을 정도다. 그 열기는 전염성이 워낙 강해서 당신도 곧 그 상황의 일부가 된다. 괴성을 지르고 주변 사람 모두와 하이파이브를 주고받는 게 당연한 일처럼 되어 버리는 것이다.

우리는 거기서 어떻게 행동하고 남들을 어떻게 대해야 하는지에 대한 중요한 단서를 주변 사람들에게 얻게 된다. 그리고 이 방법을 통해 누군가와 단시간에 친한 친구가 될 수 있다. 방법은 매우 간단하다. 친구인 척 행동하기만 하면 된다.

. . .

최근 연구에 따르면, 친한 친구처럼 행동하면서 그런 역할을 떠맡으면 상대방도 당신을 진짜 친구처럼 대하며 환영하게 된다고 한다.

전이의 대상이 되라

지그문트 프로이트[Sigmund Freud]는 심리학의 다양한 분야에서 이름을 떨치고 있지만, 그중에서도 특히 유명한 것이 오이디푸스 콤플렉스[Oedipus Complex]다. 이것은 우리가 자신의 이성 부모와 결혼하고 싶어 하고 동성 부모에 대해서는 선천적인 경쟁의식을 느낀다는 이론이다.

그는 또 전이[Transference]라는 개념을 제시했는데, 이것은 당신이 강렬한 감정을 느끼는 사람과 비슷한 특성을 보이거나, 유사한 역할을 하는 사람이 있으면 마치 그 둘이 동일 인물인 것처럼 생각하며 대하기 시작하는 현상을 뜻한다. 말하자면 엄격한 관리자 밑에서 일하는 사람은 그에게 부성 전이를 느끼는데, 이는 그 두 사람이 자기 인생에서 비슷한 역할을 하기 때문이다. 이 말은 곧 우리는 마음속에 이미 형성되어 있는 패턴과 감정에 집착하기 때문에, 누군가 어떤 역할을 하는 것만으로도 전이의 대상이 될 수 있다는 의미이다.

이것이 우리에게 시사하는 바는 무엇인가?

친구처럼 행동하면 진짜 친구가 된다

인간은 자기가 아는 정보를 통해 세상을 탐색하고, 전혀 익숙하지 않은 상황에 부딪힐 때에도 그 정보를 적용하려고 한다. 즉 사람들은 어떤 본보기를 하나 마련해두고 그것을 기준으로 생각하는 경우가 많다는 것이다. 인간은 상상력이 그리 뛰어나거나 창의적이지 않기 때문에 과거의 경험을 바탕으로 만들어진 기존 본보기와 범주 안에 자신의 모든 경험을 집어넣으려고 한다.

만약 당신이 의식적으로 친구라는 범주 안에 자신을 끼워 맞추고 다른 친구처럼 행동하면, 사람들은 당신을 친구처럼 대할 수밖에 없다. 게다가 정서적으로 지지해주는 좋은 친구라는 역할에 자신을 맞추려고 시도하면 더 좋은 입지를 차지할 수 있다. 그렇게 되면 사람들은 당신과 유대관계를 맺을 수밖에 없다. 대개 이 과정은 무의식적으로 진행되므로, 그들은 자기가 그런 유대감을 쌓아가고 있다는 사실을 의식하지 못한다. 그게 바로 전이의 미덕이다.

누군가와 친한 친구가 되려면 쓸데없는 농담이나 형식적인 절차를 피하고 당신이 평소 가장 친한 친구들과 얘기를 나눌 때처럼 말해야 한다. 사적인 일에 관해 얘기를 나누고, 농담을 주고받으며 친근하게 행동하자. 감정적으로 도움이 필요할 때 옆에 있어 주고, 그들이 어떤 상황을 겪든 잘 이겨내도록 지지해주자. 낯선 사람 사이에서 흔히 보이는 주저하거나 데면데면한 모습을 보여서는 안 된다. 그들과의 신체적인 접촉을 두려워하지 말고 친한 친구끼리만 통하는 농담을 얼른 만들어내자. '이런 걸 물어봐도 될까?'라든가 '이건 너무 심한가?'라는 생각은 절대 하지 말아야 한다. 친한 친구끼리는 그런 생각을 하지 않으니까 말이다.

. . .

사람들이 어떻게 마음을 여는지, 그리고 그것이 당신을 대하는 방식에 어떤 영향을 미치는지 알면 놀랄 것이다. 이런 역학의 양방향 효과에 초점을 맞추면 그게 당신에게 유리하게 작용하도록 만들 수 있다. 친구처럼 행동하기 시작하면 다른 사람도 당신을 친구로 대할 뿐만 아니라, 당신이 그런 행동을 통해 좋은 인상을 주고 싶어 하는 사람과 마음이 통하는 진짜 친구가 될 수 있다. 따라서 이 방법은 양방향으로 작용하면서 더욱 깊이 있고 의미 있는 관계를 맺도록 한다.

그런 척하라

실제로 그렇게 될 때까지 흉내라도 내라는 개념 자체를 불편하게 여기는 사람이 많다. 물론 자신의 진정한 모습 그대로 행동하는 것이 가장 이상적이기는 하다. 또 항상 자기 본분을 다하면서 진실하게 행동해야 하는 것도 사실이다. 하지만 안타깝게도 우리는 불완전한 세상에 살고 있다. 따라서 실제적인 결과를 얻기 위해 자신의 이상을 어느 정도 타협해야 하는 경우가 종종 생긴다.

* * *

이 경우에 당신이 할 일은 그저 상대방의 친구인 척하는 것뿐이다. 이것은 조작도 사칭도 아니다. 그냥 쓸모없는 잡담을 건너뛰고 상대방 인생의 흥미로운 부분으로 곧장 뛰어드는 것뿐이다. 그러면 당신의 행동을 통해 당신에 대한 사람들의 인식이 바뀔 뿐만 아니라, 그런 행동 때문에 잠재적인 친구에 대한 당신의 생각도 바뀌게 된다. 실제 친구가 될 때까지 친구처럼 행동함으로써 다른 이들이 당신을 바라보는 시선 자체가 바뀌는 것이다. 이 방법의 강력한 힘을 과소평가해서는 안 된다.

친구가 되고 싶은 사람이 당신에게 자신의 전이를 투영하면, 그 즉시 두 사람 관계의 무게 중심이 바뀐다. '직장이 어디냐?'와 같은 질문을 건너뛰고 좋아하는 삼촌과 함께 즐겼던 지난번 바비큐 파티가 얼마나 재미있었는지에 관한 이야기로 바로 넘어가는 것처럼 아주 간단한 방법으로도 이런 일은 가능하다.

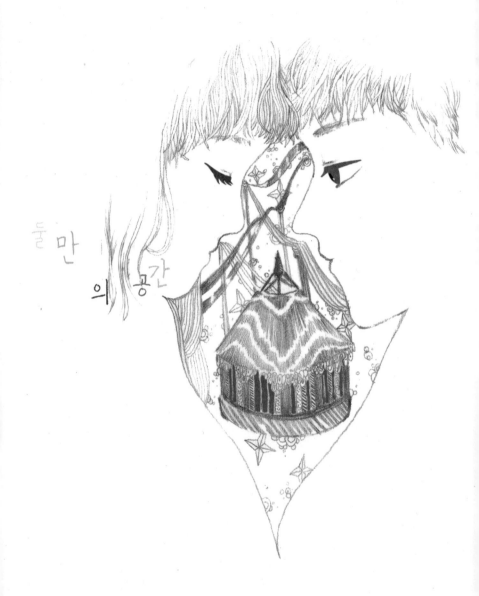

둘만의 시간 둘만의 대화

호종남의 사심 친구 되기

유학생이었던 호감녀 A에게 간단한 번역을 부탁하고, 고맙다며 식사를 제안한 사심남 B. 북촌 한옥마을의 꼬불꼬불하고 좁은 옛길을 걸어 친구하고나 갈 법한 굉장히 좁고 허름한 오래된 식당에 그녀를 데려갔다. 허름하고 오래된 식당의 분위기는 편안했고, 시간과 공간을 넘나드는 미묘한 맛의 음식과 음악은 한 달 전에 예약해야 갈 수 있는 특별한 음식점이라는 사실을 어렴풋이 드러냈다. 그때부터 호감녀 A는 사심남 B와 친근한 분위기에서 짧은 시간 진솔한 대화를 주고받게 되었다.

여섯

협상할 때
설득력을 발휘하는 법

　대부분 사람은 자기가 원하는 걸 협상하는 방법을 잘 안다고 생각한다. 하지만 안타깝게도 그렇게 생각하는 사람은 평범하거나 아주 형편없는 협상가인 경우가 많다. 너무 많은 것을 양보하거나, 너무 일찍 자기 카드를 다 내보이거나, 아니면 성공적인 협상의 조건이 뭔지 전혀 모르는 사람이다. 다시 말해, 본인에게 불리한 조건으로 거래하는 경우가 많다는 얘기다.

　효과적인 협상 비결은 사실 매우 간단하며 한 문장으로도 요약할 수 있다. 모든 당사자는 자기가 만족스러운 거래를 하여 상대방을 이겼다는 느낌을 받고 싶어 한다. 바로 그것이다. 상대방이 원하는 걸 얻어 기분이 흡족한 상태라면 당신이 원하는 것도 기꺼이 내줄 게 분명하다. 여기에서 문제는 대개 우리가 상대방이 원하는 것을 내주고 싶지 않다는 것이다. 그랬다가는 거래에서 이기기는커녕 자기가 너무나 큰 희생을 치르게 될 것으로 생각하기 때문이다.

따라서 그들이 실제로 중요하게 여기는 게 뭔지 알아내거나, 그들이 만족스러운 거래를 했다고 느낄 수 있는 방식으로 제안을 재구성하는 당신의 능력이 필요하다. 문제는 자신에게 중요한 것이 상대방에게도 중요할 것으로 생각하는 함정에 빠지기 쉬운데, 사실은 그렇지 않은 경우가 많다. 놀랍게도 상대방 대부분은 당신이 중요시하는 것에 전혀 신경을 쓰지 않는다.

어떤 협상에서든 더 좋은 조건으로 거래하고 싶다면 두 가지 핵심 기술에 집중해야 한다. 여기에는 협상 상대방이 기대하고 가정하는 바를 파악하는 기술도 포함되며, 그 효과는 확실하게 입증되고 있다. 이 기술을 '문전박대 전략Door in the face technique'과 '단계적 설득 전략Foot in the door technique'이라고 한다. 놀랍게도 이 두 가지 방법은 기본적으로 서로 반대되는 전략이지만, 인간 심리와 욕망이라는 맥락 안에 집어넣으면 예측 가능한 방식으로 작용한다.

문전박대 전략

　문전박대 전략은 1975년에 치알디니^{Cialdini}와 그의 동료들이 시행한 연구를 통해 효과가 확인되었다. 이 방법의 요지는 우선 규모가 매우 크고 약간 불합리하기까지 한 부탁을 한 다음에, 애초에 의도했던 사소한 일을 부탁하는 것이다. 부탁을 받은 쪽은 처음에 제시된 가격을 대폭으로 깎는 데 성공했기 때문에 자기가 협상을 잘해냈다고 여길 것이다. 애초에 시작점 자체가 거절당하기 위한 것이었다는 것을 모르는 채로 말이다.

　이 기술을 활용할 때는 매우 규모가 크고 불합리한 제안으로 협상을 시작하게 된다. 이때의 요점은 제안이 거절당하리라는 것을 예상하고 있다는 점이다. 당신이 한 불합리한 제안은 십중팔구 거절당할 것이고 그게 당연하다. 물론 처음에 한 제안은 진짜 받아들여지기를 바라는 제안이 아니다. 단지 협상하는 상대방의 머릿속에 어떤 맥락을 조성하는 것뿐이다. 당신의 실제 제안은 처음에 했던 제안보다 규모가 작다. 이렇게 규모가 큰 제안부터 내놓아서 그 제안의 불합리함에 상대방이 불쾌감을 느끼게 되면, 두 번째 혹은 세 번째로 하는 제안이 상당히 합리적으로 느껴지게 된다.

이것을 합리적인 제안으로 협상을 시작할 때의 상황과 비교해보자. 당신이 한 합리적인 제안은 약간의 저항에 부딪히거나 완전히 거부당할 수 있다. 사람들은 제안 자체의 장점을 기준으로 하여 판단하려고 하지 않는다. 하지만 규모가 크고 아주 불합리한 제안으로 협상을 시작하면 상대방이 생각하는 가능성의 범위가 확대되어 뒤이어 내놓는 작은 제안이 훨씬 현실적이고 수용 가능한 것처럼 느껴지는 것이다.

일례로 연봉 협상을 할 때 말도 안 되게 높은 액수로 협상을 시작해보자. 그 제안은 물론 거절당하겠지만, 이를 바탕으로 처음 제시한 액수보다 훨씬 적은 당신이 애초에 원하던 실제 연봉으로 서서히 접근해갈 수 있다. 그러면 회사 측은 당신을 상대로 적절한 연봉 협상에 성공했다고 여길 것이고,

. . .

당신은 정확히 자기가 원하던 것을 얻어낼 수 있으므로 양측에 모두 유리한 방법이다.

이 전략은 외식할 장소를 고르는 등의 일상적인 문제에도 적용할 수 있다. 거리가 너무 멀거나 가격이 비싸거나 자리가 불편한 식당을 먼저 제시하면, 그다음에 제시하는 당신이 실제로 가고 싶은 식당이 다른 식당을 먼저 제시하지 않았을 때보다 훨씬 매력적으로 느껴질 것이다. 이처럼 당신이 제시한 식당 두 곳이 서로 대조됨에 따라 상대방도 당신이 고른 식당을 선택하도록 유도할 수 있다.

단계적 설득 전략

단계적 설득 전략은 1983년에 비먼Beaman과 동료들이 시행한 연구를 통해 효과가 입증되었다. 이 전략은 앞서 설명한 문전박대 전략과 완전히 반대라고 할 수 있다. 연구진은 사소한 부탁을 통해 어느 정도의 동의나 승낙을 얻는 것이 설득에 있어 가장 중요한 요소라는 사실을 알아냈다. 그러면 부탁한 사람은 그 작은 호의를 발판 삼아 결국 자기가 원하는 수준이나 목표에 도달할 때까지 계속 나아갈 수 있다.

이는 문전박대 전략과 완전히 다른 접근 방식이다. 당신이 할 일은 아주 합리적이고 받아들이기 쉬운 사소한 제안부터 시작하는 것이다. 물론 그건 당신이 실제 바라는 제안이 아니다. 진짜 제안할 내용은 그보다 규모가 더 크다. 다만 이런 식으로 사소한 제안을 먼저 해서 사람들이 작은 부분에 대해 긍정의 대답을 하도록 하는 것이다. 그런 다음에 서서히 제안의 규모를 늘려 당신이 정말 원하는 목표에 도달하면 된다.

연봉 협상의 경우라면 자기가 원하는 액수의 75% 선에서 협상을 시작할 수 있다. 그렇게 낮은 수치를 제시하는 목적은 상대방의 동의와 호감을 얻기 위한 것이다. 그들이 이 액수에 동의하면, 지난 몇 년간 당신이 올린 업무 성과와 실적을 바탕으로 이 부분 저 부분에서 5%씩 추가하기 시작할 수 있다. 이때의 비결은 처음 제시한 75%의 액수에서 시작해 계속 '동의'의 고리를 형성해 나가는 것이다.

· · ·

물론 일상생활에서도 단계적 설득 전략을 활용할 수 있다. 앞 사례와 마찬가지로 저녁 먹을 식당을 정할 때 이 방법을 활용하는 것도 가능하다. 상대방이 인도 음식을 싫어한다면 이렇게 질문할 수 있다. "오늘 저녁에 외식할래? 중국 음식이 좋아, 아니면 인도 음식이 좋아? 가까운 데로 갈까, 아니면 차를 타고 좀 멀리 나갈까?" "좋아, 그럼 '차이나 팰리스'는 어때?"

이 두 가지 전략은 모두 맥락에 중점을 둔 것들이다. 문전박대 전략은 명확하게 불합리한 제안으로 시작하여 처음에는 상대방이 많은 저항을 느끼기 때문에 결국 상당히 폭발적인 효과를 발휘한다. 당신이 실제로 원하는 제안이 상대적으로 합리적인 것처럼 느껴지게 하는 게 포인트다. 그리고 단계적 설득 전략은 양측이 모두 동의하는 지점에서 이야기를 시작하고, 그 합의를 발판 삼아 당신이 원하는 지점에 도달할 때까지 계속 협상을 진행하는 것이다.

호감도를 높이는 협상 방법

사실 협상과 호감이라는 단어가 한 문장 안에 등장하는 경우는 거의 없다. 대부분 사람은 격렬하게 진행되는 협상의 갈등 상황과 호감을 연결하는 게 불가능하다고 생각한다.

그렇다면 문전박대 전략이 어떻게 호감을 높여줄까? 이것은 사실 직설적인 말에 과장하여 대꾸하는 일종의 유머와 같다. 일반적인 문장과 당신이 말하는 '비합리적인' 문장 사이의 대조가 상황을 우스꽝스럽게 바꾸는 것이다. 예컨대 한 친구가 "그 차는 정말 빨리 달려."라고 말했다고 하자. 이에 대해 당신은 "그래, 진짜 차 꽁무니에 불이 붙을 정도로 빨리 달려."라는 문전박대식의 대답을 할 수 있다. 이렇게 둘은 제삼지대에서 만나는 것이다.

단계적 설득 전략은 사람들의 사소한 부분에 초점을 맞추기 때문에 당신의 호감도가 높아진다. 신발이나 커피에 대한 기호처럼 사소한 면에서 서로 의견이 일치하는 부분을 찾아낼 수 있다면 그보다 심각하고 중요한 사안에 관해 얘기하기가 훨씬 쉬워지고, 그 안에서도 합의점을 찾기 쉽다. 단계적 설득 전략은 당신을 친구처럼 보이게 해주는 일련의 공통점을 바탕으로 하므로 우정으로 향하는 지름길이 되기도 한다.

이 두 가지 전략을 통해 얻을 수 있는 마지막 보너스는 어떤 상황에서든 적절한 틀을 활용해서 갈등 대부분을 피할 수 있다는 점이다.

호종남의 문전박대 전략

세상에 모든 예쁜 여자와 가장 빨리 친해지는 방법은,
그 여자에게 사랑한다고 돌직구를 날리는 것이다. 그러
면 여자 대부분은 "음…… 우리 그냥 친하게 지내."라는
제안을 돌려준다.

호종남의 단계적 설득 전략

"오빠 민지? 손만 잡고 잘게." 세상에 모든 호정녀들이여~
절대 손을 허락하지 말지니.

일곱,

즉각적인
유대감을 쌓는 법

　많은 사람에게 타인과 유대감을 쌓는다는 것은 시간도 오래 걸리고 어느 정도 행운도 필요한 그런 과정이다. 당신도 인간 심리와 타인에게 호감을 얻는 방법을 제대로 이해하지 못한다면 확실히 그럴 것이다. 당신이 하는 일이 인사를 건네고 어떻게 지냈느냐고 안부를 묻는 것뿐이면 타인과 진정한 유대 관계를 구축하기는 어려울 것이다. 어떤 이들은 시간이 지나면 자연스럽게 유대감이 싹튼다고 생각하기도 하지만, 항상 그런 것은 아니다.

　치과에 가서 근관 치료를 받는 상황을 생각해보자. 치료를 받는 동안 치과의사와 '단둘이' 꽤 오랜 시간을 보내게 되지만, 두 사람 사이에 유대감이 생기지는 않는다. 누군가와 단둘이서 함께 힘겨운 시간을 헤쳐 나갈 수도 있지만, 그렇다고

· · ·

자동으로 유대감이 생기는 것 또한 아니다. 우리에게 필요한 것은 즉각적인 유대감이다.

상대방의 말을 되풀이하라

1971년에 바이런Byrne은 우리가 본능적으로 알고 있는 사실을 확인했다. 우리는 사는 환경이나 사고 과정이 자신과 비슷한 사람을 좋아한다. 일반적으로 어떤 사람의 사고방식이 자신과 비슷할수록 그에게 매력을 느낄 확률이 높다. 물론 그 반대도 성립하므로, 다른 이들과 어떤 면에서든 비슷해 보인다면 그들은 의식적으로든 무의식적으로든 당신을 더 좋아하게 될 것이다. 이는 몸짓 언어나 버릇뿐만 아니라 여러 가지 부분에서 타인을 그대로 흉내 내는 게 즉각적인 유대감 조성에 더없이 효과적이라는 것을 의미한다.

영업 전문가들은 고객의 신뢰를 얻고 판매를 성사시키는 데 도움이 되는 흉내 내기의 힘을 잘 알고 있다. 먼저 상대방이 말하는 방식을 그대로 따라 하는 것부터 시작해보자. 그들이 즐겨 사용하는 표현을 되풀이하는 것도 좋은 방법이다. 즉 상대방이 자신의 모습을 떠올릴 수 있는 신호, 그들이 자신의 내면에서 발견할 수 있는 신호를 되돌려 보내는 것이다.

더 큰 공통점을 발견하라

왜 이 방법이 효과적일까? 인간은 자신에게 익숙한 걸 좋아한다. 자기와 생김새가 비슷하고, 비슷한 행동과 말과 생각을 하고, 외견상 자신과 같은 가치관을 지닌 사람에게 둘러싸여 있을 때 편안함을 느낀다.

반면 우리와 다른 생각, 다른 말, 다른 행동을 하고 우리가 일을 처리하는 방식과 근본적으로 다른 방식으로 일하는 사람을 불편하게 여기는 경향이 있다. 우리는 이방인이라고 느껴지는 사람보다는 자신과 비슷하다고 생각되는 사람과 더 쉽게 유대감을 느낀다. 익숙함의 힘을 이용해서 전반적인 호감도를 높이고 싶다면 남을 제대로 흉내 내는 방법을 알아야 한다.

* * *

나는 이 현상을 매우 명확하게 설명해주는 다음과 같은 예를 자주 활용한다. 당신이 남아메리카의 작은 마을 출신인데, 지금은 런던에서 살고 있다고 가정해보자. 그런데 자기 고향인 남아메리카의 작은 마을에서 온 사람을 런던에서 만날 기회가 생긴다면 얼마나 흥분되겠는가?

그렇다면 이런 현상이 당신의 일상생활이나 남들이 호감을 느낄 만한 사람이 되는 것과 어떤 관계가 있을까? 버릇이나 신념, 배경, 사고 과정 그리고 좋아하는 것과 싫어하는 것 등 다양한 부분에서 상대방과 비슷해 보일 수 있다면 처음 만난 사람과도 즉각적인 유대감이 싹틀 수 있다. 이건 거짓말하거나, 상대방을 조정하거나, 그가 듣고 싶어 하는 말만 해주는 것과는 다르다. 그런 것은 부정직할 뿐만 아니라 결국 속이 뻔히 들여다보이는 행동이다.

처음에는 작은 부분에서부터 시작하자. 여러 가지 질문을 던져 상대방이 관심 있는 게 무엇이고, 무엇을 좋아하며, 어떤 생각을 가졌는지 알아내야 한다. 그런 다음에 자기 내면을 샅샅이 살펴서 좋아하는 야구팀이나 알코올음료와 같은 두 사람의 작은 공통점을 찾아낸다. 그런 작은 공통점을 통해 그들을 실제로 움직이는 게 뭔지 알아내고 즉각적으로 유대감을 느낄 수 있는 심층적인 공통점을 발견하면 되는 것이다.

남아메리카의 작은 마을에서 온 사람을 만났을 때 반갑고 기쁜 것처럼, 남들이 잘 모르는 자기와 똑같은 취미를 가진 사람을 만나면 정말 기쁘지 않겠는가? 이건 시간이 몇 달 혹은 몇 년씩 걸리는 일도 아니고, 군에 입대해서 같이 신병 훈련소 생활을 하는 것처럼 특수한 환경이 필요하지도 않다. 그저 자신과 타인의 내면을 조금 더 깊숙한 곳까지 들여다보면서 모든 사람이 갖고 있지만, 늘 의식하지는 못하는 공통점을 찾아내기만 하면 된다.

그런 공통점을 찾아내면 거기서부터 대화가 물 흐르듯 풀려나가면서 어색한 분위기가 더없이 효과적으로 누그러진다. 사실 당신은 지금 사귀는 친구들과도 이런 식으로 자연스럽게 우정을 쌓아왔다. 이렇듯 공통의 관심사나 경험은 사람들을 결속시킨다. 가장 기본적인 수준에서 보면 대부분 사람은 비슷한 점이 꽤 많고 주변 상황에 대해 유사한 생각을 하고 있다. 그것을 찾아내 활용하자!

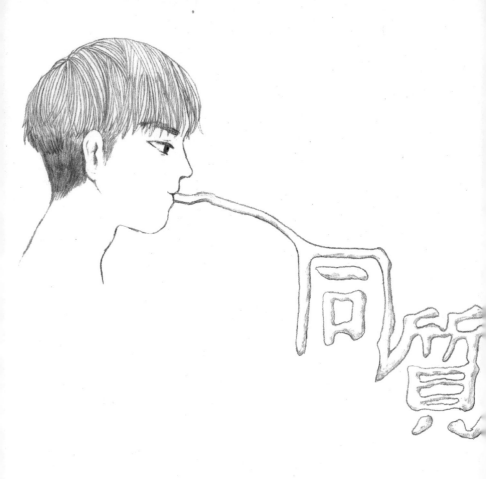

호정녀의 유대감 미끼

미각이 특별히 발달한 훈남 A. 그의 특별한 원칙을 발견한 사심녀 B. 면은 절
대 끊어 먹지 않으며, 비벼 먹는 요리도 비비지 않고 일일이 재료를 음미해 가
며 먹고, 국에 밥을 말지 않는다. 그의 특별한 식습관을 따라 하다 보니, 어느
덧 A는 본인처럼 특별한 B를 보며 동질감을 느낀다.

여덟

사람들의
신뢰를 얻는 법

신뢰에 관해 얘기하기 힘든 이유는 신뢰에 관한 정의가 사람마다 각각 다르기 때문이다. 상대방에게 신뢰를 보내는 방법도 대부분 사람이 다르다. 어떤 사람은 처음에는 타인을 전혀 신뢰하지 않다가 상대방이 하는 행동을 보며 서서히 신뢰를 높여간다. 또 어떤 사람은 처음부터 타인을 전적으로 신뢰하지만, 올바른 행동을 통해서 그런 신뢰를 받을 만한 가치가 있다는 것을 증명해야만 그 신뢰를 계속 유지한다.

어쨌든 신뢰는 보편적인 양적 가치가 아니지만, 1950년에 입증된 어떤 사실만큼은 보편적인 성격을 띤다.

반복적으로 노출하라

페스팅거Festinger, 샤흐터Schachter, 백Back은 1950년에 간단한 신뢰 현상에 관한 연구를 시행했다. 그들은 이웃처럼 서로 가까운 곳에 사는 이들은 상대방을 더욱 확실하게 신뢰하고 좋아한다는 사실에 주목했다. 이들이 연구를 통해 얻은 결과도 매우 단순했다. 누군가와 반복적으로 만나는 횟수가 많아질수록 무의식중에 그들을 신뢰하고 호감을 느낄 가능성이 커진다는 것이다. 이때 상호작용의 수준은 중요하지 않고, 단지 발생 빈도에 따라 그런 감정이 생긴다는 것이다.

이게 우리에게 시사하는 바는 무엇일까? 신뢰는 우리 삶의 다른 많은 것과 달리 일률적으로 작용한다는 의미다. 어느 정도 선까지는 눈에 많이 보이면 보일수록 높은 신뢰가 쌓인다. 이런 현상은 우리 일상생활 속의 아주 사소한 부분에서도 나타난다. 단골 카페에서 특정 바리스타를 자주 만날수록 그 사람을 잘 알고 신뢰하는 듯한 느낌이 커진다. 이웃의 얼굴을 자주 보게 되면, 비록 그것이 쓰레기를 버리러 나갈 때 잠깐 얼굴을 마주하는 정도여도 그들이 누군지 잘 아는 기분이 들면서 신뢰하게 된다. 이때도 상호작용의 수준은 중요하지 않고 단순히 반복되는 만남이 신뢰를 낳는다.

영업 사원이 이것을 자신에게 유리하게 활용하는 방식을 생각해보자. 일반적인 영업의 주기는 신뢰를 기반으로 한다. 잠재 고객이 영업 사원을 신뢰하지 않으면 물건을 구매하지 않기 때문이다. 그렇다면 영업사원은 어떻게 신뢰를 만들까? 그들은 고객에게 가까이 접근해서 아주 친근하게 행동한다. 이메일을 보내고, 전화하고, 문자 메시지를 보내는 등 당신이 항상 그들의 소식을 들을 수 있도록 수많은 접촉 지점을 만들려 노력한다.

그런데 묘한 일이지만, 그런 식으로 당신의 삶 속에 모습을 드러내는 사람들을 받아들이게 되고, 그것이 믿을 만한 사람이기 때문이라는 생각이 들면서 그들에 대한 신뢰가 더 쌓이게 된다. 물론 우정을 다질 때는 이런 방식이 역효과를 낼 수도 있지만, 영업사원이 반복 노출과 닮은 모습 보여주기를 통해 우리의 신뢰를 얻을 수 있다는 것은 부인할 수 없는 사실이다.

다른 사람이 당신을 좋아하게 만들어 그들의 친구가 된다는 것은 본질에서 자신을 영업하는 것과 마찬가지이므로 반복적인 노출이 중요하다.

자주 볼수록 믿음이 생긴다

페스팅거는 전체적인 신뢰 구축 과정의 핵심은 사람들에게 모습을 드러내는 것이라는 사실을 입증했다. 그렇다. 그냥 눈에 띄기만 하면 된다. 사람들과 함께 시간을 보내자. 그들 주변에 머물자. 인간의 심리상 단순히 눈에 보이는 것만으로도 자기가 상대방을 알고 있는 듯한 느낌이 들게 된다.

광고계에 '7의 법칙'이라는 게 존재하는 것도 그런 이유 때문이다. 이 법칙에 따르면, 잠재 고객이 특정 브랜드나 마케팅 메시지에 적어도 7번 이상 노출되어야 그 광고 메시지에 따라 행동하게 된다는 것이다.

이런 일은 일상생활에서 항상 벌어진다. 새로운 탄산음료

광고를 접했다고 광고를 처음 보자마자 벌떡 일어나 그 음료를 사러 가지는 않는다. 광고를 몇 번 정도는 봐야 그 제품을 사는 게 타당한 일처럼 느껴진다. 당신이 마음속으로 그 제품을 받아들여야만 비로소 성공적으로 각인된다. 다시 말해 잠재적으로 그 제품을 선택할 가능성이 생기는 것이다. 이 단계는 여러 위험을 제거하고 최선의 이익을 추구하고자 하는 사고가 잠재적으로 해로운 것들을 걸러내는 것이다. 따라서 순수하게 방어적인 단계라고 할 수 있다.

일단 이 단계를 통과하면, 습관의 힘이 작용해서 신뢰와 신용을 얻게 되고 사람들이 계속 당신을 찾게 된다. 그들이 무의식적으로 당신을 선택한다는 게 아니라, 정당한 선택 대상 중 하나가 된다는 얘기다.

사람들의 신뢰를 얻고자 할 때는 그냥 얼굴만 계속 비춰도 된다. 좋은 인상을 주고 싶은 사람의 눈에 자주 띄도록 자신을 최대한 노출하면 호감도도 상승하고 신뢰도 획득하는 길이 열린다.

지금의 친구와 어떻게 만났는가

친한 친구의 면면을 살펴보면, 그들 가운데 상당수는 우연한 계기로 친구가 되었다는 사실을 깨닫게 될 것이다. 대부분 당신이 일부러 그들을 찾아낸 것은 아닐 것이다. 그 사람과 친구가 되어야겠다는 생각을 의식적으로 하지도 않았고, 그가 당신을 좋아하게 만들려는 노력도 기울이지 않았다. 당신의 친한 친구들은 대부분 그냥 당신의 삶 속에 자주 모습을 드러냈기 때문에 친해진 것이다. 그들은 적절한 시기에 적절한 장소에서 적절한 행동을 했다. 어쩌면 초등학교나 고등학교 동창일 수도 있고 오랫동안 가까운 곳에 살던 사이인지도 모른다.

이렇게 가까이에 있다는 것 자체가 친분을 형성한다. 단순히 모습을 보이고 얼굴을 내미는 것만으로도 큰 가치가 있다. 노출 효과가 당신의 호감을 높이는 데 얼마나 중요한 작용을 하는지 알면 놀랄 것이다. 자주 모습을 보이고, 긍정적 신호를 보내며, 문제가 생겼을 때 해결책을 제시하는 것으로 당신은 신뢰를 얻고자 하는 사람들의 친한 친구가 되는 데 큰 도움이 될 것이다.

...

호종남의 우연과 필연 사이

미모와 재력을 모두 갖춘 호감녀 A는 주변에 사심남이 들끓어서 경계심이 FBI 수준이다. 사심남 B는 그녀가 잘 들르는 곳 다섯 군데와 시간을 파악했다가 그녀가 보일만한 곳에 친구들과 함께 가 얘기를 나눈다. 두 군데에서 그녀의 시선에 포착되면 잠깐 눈을 마주친다. 그리고 세 번째 장소에서는 그녀의 지인을 통해 우연을 가장해 잠깐 인사를 나눈다. 네 번째와 다섯 번째 장소에서 다시 마주치게 된 A는 필연인 것처럼 반갑게 사심남 B와 인사를 나누며 경계심을 푼다.

얼굴들 이밀기 첩보전

아홉

누군가의
측근이 되는 법

  이상적인 세계에서는 누군가와 친구가 되면 즉시 그의 전
폭적인 신뢰를 받게 되고, 그 사람은 곧장 당신을 자기 측근
으로 삼을 것이다. 그러나 대부분의 우정은 잠정적이거나 시
험적이다. 당신이 본인의 가치를 증명해서 아주 친밀한 사이
가 되기 전까지는 교제 범위의 가장자리만 맴돌게 된다.

  어떤 사람이 당신을 친구로 받아들이는 순간, 둘의 우정의
여정은 막 시작되는 것뿐이다. 그가 당신을 친구로 생각하
는 건 단지 그 사람과의 개인적 여정의 시작점일 뿐이라는 얘
기다. 사람들은 관심사가 저마다 다르므로 이건 당연한 일이
다. 당신의 측근은 가장 친한 친구와 가족들이다. 그 중심점
에서 조금 멀리 떨어진 곳에 다른 친구들이 있고, 그 테두리
밖에 일반적인 지인과 업무상 접촉하는 사람들이 있으며, 나

· · ·

머지는 전부 그 바깥에 위치한다. 당신이 새로 사귄 친구의 측근이 되는 단계는 일반적으로 이런 식으로 진행된다. 왜 그럴까?

누군가의 측근이 되기 위한 조건

머스타인Murstein은 1970년에 자극-가치-역할 모델이라는 우정 획득과 관련된 중요한 이론을 제시했다. 이 모델은 우정의 3단계와 누군가의 측근이 되는 데 필요한 조건을 설명한다.

우정의 첫 번째 단계는 자극과 신체적인 속성을 기반으로 한다. 우리는 일반적으로 나이나 인종, 외모가 비슷한 사람과 친구가 된다.

우정의 두 번째 단계는 가치관이 기준이 되는데, 각자의 의견과 입장, 가치관, 주관적인 윤리 의식이나 태도가 서로 잘 맞느냐에 따라 우정이 성립되기도 하고 성립되지 않기도 한다.

우정의 마지막 단계인 측근이 되는 과정은 역할 단계로서, 그들이 공동의 목표를 이루기 위해 노력하는 과정인 작업 관계에서 서로를 어떻게 보완해 주는지가 기준이 된다.

다른 사람들이 당신을 친구로서의 가치로 평가하는 과정도 3단계로 뚜렷하게 구별된다. 측근의 자리를 차지하려면 이 3단계에 잘 들어맞을 방법을 배워 다음 단계로 넘어가야 한다.

사람들은 무의식적으로 지인들을 선별한다. 이런 무의식적인 선별 과정이 존재한다는 사실을 알고만 있어도, 적절한 신호를 보내거나 적합한 행동을 할 수 있는 유리한 입지를 차지해서 남보다 이른 시간 안에 측근이 될 수 있다.

이제 당신은 누군가와 친한 친구가 되기 위해 가장 중요한 요소가 뭔지 알게 되었으므로, 자신의 행동을 바꾸고 성격의 다양한 측면들을 강조해서 1단계부터 3단계까지 매끄럽게 나아갈 수 있다.

• • •

자극 단계

누군가와 친구가 될 때, 그들 관점에서 우정의 첫 번째 단계는 외모와 외적 자극이라는 측면에서 당신을 평가하는 것이다. 우리는 자기가 특정한 신체적 속성을 얼마나 매력적으로 여기는지를 기준으로 삼아 그것을 평가한다. 이는 동성뿐만 아니라 이성에게도 그대로 적용된다. 사실 이런 평가 자체는 성적인 행동이 아니라, 단순한 분류나 계층화 전략에 가깝다. 당신은 항상 사람들을 분류하고, 자기와 비슷한 이들을 매력적이라고 여긴다. 그리고 그들 곁에 가까이 다가가려고 하면서 그들에 대해서는 긍정적인 가정만 한다.

여기에서 다음 단계로 넘어가려면 그들과 같은 부류처럼 보여야 한다. 축구 선수의 측근이 되고 싶다면, 처음에는 축구 유니폼을 입은 모습을 보여주는 게 자극 단계 통과에 도움이 될 것이다. 그 모습이 잘 어울리는 듯 보이면 그들은 당신도 자기와 같은 부류라고 생각한다.

. . .

가치 단계

여기서 말하는 것은 본질적 가치가 아니다. 모든 인간은 본질적인 가치를 지니고 있다. 내가 말하는 것은 타인의 가치관이 내 가치관과 얼마나 비슷한가를 기준으로 그들을 판단하는 방법에 관해서다. 예컨대 당신이 의대를 졸업하고 의사면허를 취득해서 병원을 개업했다면 자기와 비슷한 가치관을 가진 사람들을 높이 평가할 것이다. 그들은 당신과 같은 직업을 가졌고 비슷한 시선으로 세상을 바라보기 때문이다.

이때는 자신의 출신 배경과 교육 수준이 상당히 중요한 역할을 한다. 당신이 석사나 박사 학위를 갖고 있다면 그런 고급 학위를 취득한 이들을 신뢰하는 경향이 있을 것이다. 그들이 자동으로 당신의 측근이 되지는 못하더라도, 당신과 비슷한 가치관을 지닌 것처럼 보이면 남들보다 측근이 되는 속도가 빠를 게 분명하다. 개략적으로 볼 때, 가치관의 유사성은 종교나 섹스, 경력, 가족, 개인적인 발전 같은 부분에 영향을 미치는 경향이 있다.

...

이력과 관계없이, 당신의 신념과 가치 체계가 누군가의 그것과 유사하다는 사실을 알릴 수만 있다면 그것만으로도 충분하다.

역할 단계

이는 누군가의 측근으로 자리 잡기 위한 3단계 과정의 마지막 단계다. 이 단계가 되면 당신이 함께 어울리고 싶을 만한 매력적인 신체적 속성을 지니고 있다는 사실이 새로운 친구에게 이미 입증된 상태다. 또 내면의 핵심 가치를 공유하고 있다는 사실도 증명되었다. 역할 단계에서는 서로 비슷한 활동을 할 때 아무런 갈등 없이 그 일을 수행하는 모습을 보여야 한다.

어떤 사람을 제대로 알려면 함께 여행을 해봐야 한다는 말이 있는데, 역할 단계가 바로 그런 구실을 한다. 이때는 가끔 만나 함께 커피나 술을 마시는 것 이상의 깊이 있는 상호 보완적 관계를 맺게 된다. 수많은 계획과 실행이 필요한 여행을 함께 갈 수 있다면, 단순히 함께 어울리거나 친구로 지내는 것쯤은 식은 죽 먹기일 것이다.

역할 단계를 거친 후에 측근 자리를 얻게 된다면 당신이 그 사람과 함께 잘 어울리거나 협력할 수 있음을 뜻한다. 골프 코스나 술집에서 이뤄지는 사업상 거래가 많은 이유도 바로 이 때문이다. 서로의 상호 보완적인 능력을 활용해서 함께 일할 수 있다는 판단이 서면 비로소 서로의 측근이 될 수 있다.

일례로 역할 단계를 통과하기 위해 사람들과 함께 자동차 여행을 떠나기로 할 수도 있다. 그런데 계획을 세우는 과정에서 의견 차이가 너무 많이 생겨 언쟁을 벌이게 된다면 결국 역할 단계를 통과하지 못하게 될 것이다. 하지만 함께 계획을 세우는 데 성공한다면 그 자체로도 이미 상당한 성과이므로 당신은 그들의 측근이 될 수 있다.

이런 단계들을 제대로 알고 있어야 그게 어떤 작용을 하며, 또 당신은 단계마다 어떻게 행동해야 하는지 알 수 있다.

· · ·

그리고 현재 어떤 단계에 와 있는지를 알아야 가까이 지내고
싶은 사람의 기대에 맞는 모습을 보일 수 있다.

역할

가 치

자극

역할

역할

호종남의 측근 필살기

믿거나 말거나 대기업 총수 딸과 결혼하기? 첫째, 자극 단계로 비슷한 옷의 취향, 비슷한 차 그리고 특이한 말투의 유사성을 공유하면 상대인 총수 딸 A는 무의식중에 사심남 B에게 호감이 간다. 둘째, 가치 단계로 출신 학교, 유학 이야기, 정치적 성향이나 종교관과 같은 성향을 파악하여 총수 딸 A와 가치관의 유사성을 확보한다. 그렇게 되면 자신의 모임에 사심남 B를 초대하고 인정하게 될 것이다. 마지막 역할 단계로 모임이나 단둘만의 여행을 한다. 여행지에 관한 정보를 교환하거나, 맛집을 찾거나, 요리하면서 역할을 분담해 상호 보완적인 경험을 나누면서 두 사람의 관계를 확증하게 한다.

열

타인의
마음을 끄는 법

완벽한 사람이 사실 가장 매력적인 사람은 아니다. 우리는 완벽한 사람 옆에 있으면 마음이 불편하고, 생각지도 못했던 다양한 방식으로 남의 시선을 의식하게 된다. 이를 이해하려면 배트맨Batman과 스파이더맨Spiderman이 슈퍼맨Superman보다 훨씬 인기가 많은 이유를 생각해보면 된다.

슈퍼맨은 말 그대로 슈퍼맨이다. 그는 약점이 거의 없고 언제든 주먹 한 방으로 적들을 지구 밖으로 날려버릴 수 있다는 사실을 다들 알기 때문에 별로 흥미로운 존재로 느껴지지 않는다. 그는 사실상 시험대에 오르는 일이 매우 드물고 그를 공격하기 쉬운 상태로 만들려면 상당한 노력이 필요하다. 반면 배트맨과 스파이더맨은 강한 힘을 지니기는 했지만, 매우 약점이 많은 존재다. 그들은 어떤 면에서도 완벽하지 않고,

. . .

둘 다 상당히 힘겨워 보이는 어려움을 극복해야만 이긴다.

하지만 배트맨과 스파이더맨에게 이런 큰 약점을 안겨준 게 결과적으로 아주 좋은 전략이었던 것으로 밝혀졌다. 그들에게 인간미를 부여함으로써 사람들이 공감하거나 애정을 느끼기가 쉬워졌기 때문이다. 이것이 호감과 무슨 관련이 있을까?

우리는 완벽하지 않은 것에 마음이 끌린다. 그러니 완벽한 척하지 말자. 사실 그 반대처럼 보여야 한다. 우리는 취약한 모습을 보이는 이들에게 호감을 느낀다. 우리가 상대방의 약점에 끌리는 이유는 그런 약점이 우리가 인간이라는 사실을 상기시켜주기 때문이다. 자신의 약점을 공공연하게 드러내고 갑옷의 틈새를 보여주는 건 깊은 신뢰의 표시다. 여기에 또 하나 추가되는 보너스는, 인간적인 약점은 데이트할 때도 가장 매력적으로 느껴지는 특징 가운데 하나라는 것이다.

· · ·

인간미를 보여라

애런슨Aronson과 윌러먼Willerman, 플로이드Floyd는 1966년에 사람들이 위협을 느끼지 않으면서 당신에게 호감을 느끼게 만드는 손쉬운 방법을 발견했다. 사실 이 방법은 전 세계 정치인들이 조심스럽게 활용하는 방법이기도 하다. 정치가들은 유권자가 자신을 두려워하지 않고 공감해주기를 바라기 때문이다.

과학자들은 완벽함은 우리의 마음을 사로잡지 못하며, 오히려 실수를 저지르거나 인간미 넘치는 모습을 보여주는 사람에게 훨씬 호감이 가고 말을 붙이거나 공감하기 쉽다는 것을 알아냈다. 한 실험에서는 참가자들이 커피 잔을 손으로 쳐서 넘어뜨린 사람을 그렇지 않은 사람보다 더 마음에 들어한 것으로 드러났다. 이걸 프랫폴Pratfall 효과라고 부르는데, 아마 자꾸 넘어지는 프랫이라는 사람에게게 가져온 이름일 것이다.

완벽함은 위축을 부른다

완벽한 사람과 친구가 되는 건 매우 어려운 일이다. 모든 것을 가진 사람과도 친구가 되기 어렵다. 결점이 전혀 없는 사람과 많은 시간을 함께 보낸다는 것은 상당히 기분이 위축되는 경험일 것이다. 그 사람 옆에 있으면 당신은 완벽하지 못하다는 평가를 받게 될 테니 조심스럽고 조마조마한 기분이 들지도 모른다.

당신은 자신을 자꾸 그 사람과 비교하려고 하겠지만, 틀림없이 실패할 것이다. 완벽한 사람에게 호감을 느끼기 어려운 건 그런 이유 때문이다. 하지만 대개 실제적인 의미에서 완벽함은 존재하지 않는다. 어떤 사람이 완벽한 삶을 사는 것처럼 보여도 사실 남몰래 알코올중독과 싸우고 있거나, 결혼생활이 파탄 날 위기에 처했거나, 심각한 중독 증세를 겪고 있을지도 모르는 일이다.

실은 우리도 그런 사실을 잘 알고 있다. 그래서 대부분의 미국인은 남들에 애착이나 호감을 느낄 수 있는 인간적인 결점을 찾으려고 한다. 당신에게도 결점이 있기에 사람들이 당신에게 공감하며 호감을 느끼는 것이다. 친구들이 당신에게 마음이 끌리는 이유는 당신이 가끔 서툰 행동이나 얼빠진 짓을 하기도 하고, 여러 가지 결점을 내비치기 때문이다. 또 당신이 하는 별난 행동이나 기이한 행동 때문에 많은 친구가 매력을 느끼는지도 모른다. 그들은 당신이 불완전하므로 좋아한다.

슈퍼 모델 하이디 클룸Heidi Klum이 많은 사람 앞에서 발이 걸려 넘어져 모델계의 여왕이라는 화려한 외형이 부서진다면 그녀 옆에서 훨씬 편안한 기분을 느낄 수 있을 것이다.

공감은 호감을 높이는 데 매우 중요하다

사람들이 당신에게 공감할 수 없다고 느끼면 당신을 좋아할 수 없다. 만약 당신이 손을 미칠 수 없을 만큼 흠결 하나 없이 완벽한 사람이라면 사람들은 당신에게 가까이 다가갈 생각조차 하지 않을 것이다. 도저히 당신에게 필적하는 사람이 될 수 없다는 걸 알기 때문에 지레 겁을 먹게 된다.

대개 우리는 완벽한 이를 싫어하게 되기 쉽다. 완벽한 사람은 일종의 희화화의 대상이 된다. 반면 자신의 취약한 부분이나 약점, 결점 등을 솔직하게 털어놓으면 다른 사람이 당신에게 공감하기 쉬워진다. 그들은 자기가 완벽하지 않은 것처럼 당신도 완벽하지 않다는 걸 알게 된다.

결과적으로 다른 사람이 당신 곁에서도 자의식을 느끼지 않게 된다. 말 한 마디 한 마디를 조심해서 해야 한다는 생각도 하지 않는다. 무엇보다 중요한 점은 자기가 부족한 부분을 보여도 당신이 그것을 비판하지는 않으리라고 생각하게 된다는 것이다. 당신도 자신의 단점과 불완전한 부분 때문에 골머리를 앓고 있으니 말이다.

균형을 맞춰라

말 그대로의 균형과 비유적인 의미에서의 균형을 모두 말하는 것이다. 불완전함과 취약성에 대한 이 지식을 일상생활에서 어떻게 활용할 수 있을까?

약간 얼빠지고 우아하지 못한 모습을 보여 남의 호감을 사는 방법은 여러 가지가 있다. 예컨대 계단을 오르내릴 때 약간 비틀거린다든가, 과장되게 하품을 한다든가, 코를 찡그리면서 문지른다든가, 들고 있던 물건을 떨어뜨린다든가, 웃을 때 코를 킁킁거린다든가, 탁자 모서리나 문에 부딪힌다든가, 평행 주차를 하면서 연석 위로 올라간다든가, 발가락을 찧는다든가, 걷다가 나뭇가지에 부딪히는 등 일일이 나열하자면 끝이 없다.

또 자신을 비하하는 농담을 하거나, 실수했을 때 그것을 즉시 털어놓을 수도 있다. 아니면 예전에 아이스크림을 엄청나게 좋아해서 아이스크림을 사 먹으려고 트럭을 쫓아가다 다리가 부러진 적이 있다는 등 자신에 대한 부끄러운 일을 허물없이 털어놓거나 인정하는 방법도 있다.

누구나 남의 눈을 피해서 하는 일이 있는데, 그런 행동이 우리에게 인간미를 부여한다. 그건 남들의 무장을 해제하고 긴장을 풀게 한다. 다만 너무 과장해서 떠벌리는 건 금물이다.

이걸 한 문장으로 요약하면 결국 이런 얘기다. 이왕 맥주를 마실 거면 항상 체면 차린 모습을 보이려 애쓰는 사람보다 운동복 차림으로도 스스럼없이 어울리는 사람과 같이 마시고 싶지 않겠는가?

유비무환

금의 환양

춘철사린

호종녀의 허당 백치미

명문대를 나와 해외 유학까지 마친 미모의 그녀가 쓴 이메일엔 정말 대놓고
틀린 사자성어가 널렸다. 아······ 정말 사랑할 수밖에 없는 그녀이다!

열하나

사람들에게 자신이 원하는
일을 시키는 법

호감의 핵심 요소는 사람들이 당신의 의견에 귀를 기울이고 그에 따라 행동하게 하는 것이다. 다시 말해 남들의 행동에 영향을 미치고 그들에게 바라는 행동을 하게 만드는 것이다. 당신이 그런 수준의 호감을 얻었는지와 관계없이, 인간심리의 작용 방식 덕에 사람들에게 일정 수준의 영향력을 행사할 수 있다.

자유의지를 활용하라

1976년에 페니베이커Pennebaker와 샌더스Sanders는 리액턴스Reactance라는 행동 이론을 연구했다. 리액턴스란 기본적으로 현재 제시된 내용과 반대되는 방식으로 반응하는 것을 말한다.

연구진은 실험 참가자에게 어떤 일을 하라고 시키면, 그들 스스로 선택의 자유라고 생각하는 것을 지키기 위해 그와 반대되는 일을 하려는 강한 충동을 느낀다는 사실을 확인했다. 이를 통해 상대에 원하는 반응을 얻기 위해 그와 반대되는 방향으로 리액턴스를 활용하는 반심리학 현상을 응용하면 효과적이다.

이것이 우리에게 시사하는 바는 무엇일까? 사람은 자신의 자유의지와 선택의 자유를 매우 중요하게 생각한다. 반드시 하고 싶은 일이 아니더라도 자기가 그걸 할 수 있다는 것을 증명하기 위해 그리고 어떤 제약도 받지 않는다는 것을 입증하기 위해 그 일을 할 수도 있다는 것이다.

부모와 자녀 사이에서는 늘 그런 모습을 보게 된다. 부모가 아이에게 너무 심한 제약을 가하면 아이가 더 심하게 반발하지만, 부모가 이 현상을 교묘하게 잘 활용하면 원하는 반응을 끌어낼 수 있다. 당신이 이 현상에 대해 알고 있고 다른 사람을 대할 때 위에서 부모가 하는 것과 유사한 역할을 하면 그들에게 당신이 원하는 일을 시키기 쉬워진다.

. . .

제약에 얽매이게 하라

당신도 반심리학을 접해본 적이 있을 것이다. 이는 어떤 일을 하라고 시켰을 때 그것과 정반대되는 일을 하는 현상을 말하는데, 사실 그게 당신이 진짜 바라던 결과인 경우가 자주 있다. 반심리학은 특정한 방식으로 신호를 보내면서 그 신호가 정상적인 효과를 발휘하지 않기를 바라는 것이다.

당신이 반심리학을 실행에 옮긴다면 실제로는 그와 반대되는 행동을 의도하는 것이다. 우리도 반심리학이 작용하는 모습을 본 적이 있다. 일반적으로 우리가 반심리학을 처음 경험하는 것은 부모를 통해서다. 부모가 자녀에게 진공청소기를 돌리지 말라고 금지하는 것처럼 아주 간단한 방법으로도 가능하다. 그러면 분명 아이는 반대로 진공청소기를 돌릴 테고, 이를 통해 아이는 자유의지를 발휘했다는 기분을 만끽하는 동시에 부모도 현명한 방법으로 게으름을 피울 시간을 번다.

반심리학의 다른 예를 살펴보자. 연구로는 술이나 마약 문

• • •

140

제에 유난을 떨지 않는 부모 밑에서 자란 아이가 술이나 마약을 남용하지 않을 가능성이 크다고 한다. 반면 술이나 마약에 유난을 떨며 그걸 확실하게 금지하는 부모를 둔 아이는 술과 마약을 남용할 수 있다.

반심리학이 효과를 발휘하는 이유는 사람들이 어떤 제약에 얽매이는 것을 싫어하기 때문이다. 우리는 이래라저래라 하는 잔소리를 듣고 싶어 하지 않는다. 누군가 당신에게 어떤 일을 하라고 하면 그와 반대되는 행동을 하고 싶어지는 게 자연스러운 반응이다. 이런 사실을 알아차리고 자신에게 유리한 방향으로 반심리학을 활용하는 사람은 어떤 말을 하면서 그와 반대되는 효과를 의도하게 된다.

따라서 사람들이 당신이 원하는 일을 하게 하려면 그들은 그 일을 할 수 없다거나, 그 일을 하지 못하도록 금지되어 있다거나, 할 자격이 없다거나, 그런 일을 하는 게 용납되지 않는다거나, 그 일을 처리할 능력이 없다거나, 그 일을 하고 싶어 하지 않을 거라고 넌지시 암시해야 한다.

반심리학이 효과를 발휘하는 건 사람들의 저항 충동 때문이다. 모든 사람에게는 "젠장, 난 내가 하고 싶은 대로 할 거야!"라는 측면이 어느 정도씩 있다. 이게 바로 리액턴스가 가장 적절하게 표현된 형태라고 할 수 있다. 이를 한마디로 요약하면 금단의 열매라고 표현할 수 있다. 어떤 일이 금지되어 있다는 말을 들을 때마다 그 행동의 가치가 더욱 커지는 것처럼 느껴진다.

인간은 호기심이 많은 존재로 가질 수 없는 것에 마음이 끌리는 경우가 많다. 또 자기가 하면 안 되는 일에 강한 흥미를 느낀다.

반심리학을 응용하라

반심리학을 활용하는 가장 좋은 방법은 자신의 실제 의견과 반대되는 방향을 옹호하는 것이다. 즉, 일부러 반대 관점을 취하면서 대화의 방향을 당신이 원하는 쪽으로 부드럽게 이끌어가는 것이다. 당신이 반대 의견을 주장하면 상대방은 그에 반발하여 당신이 지지하지 않는 쪽의 진정한 가치를 발견하는 일이 종종 생긴다. 이는 사람들을 협박하지 않고도 당신의 입장을 고려하도록 유도하는 매우 훌륭한 심리적 속임수다. 남을 괴롭히는 사람이라고 비칠 필요도 없다. 오히려 빈틈없는 사람처럼 보이면서 교묘하고 조심스럽게 사람들을 당신 쪽으로 이끌 수 있다.

개가 고양이보다 우수한 동물이라는 사실을 이해시키고 싶다고 가정하자. 당신은 고양이의 비교적 사소한 장점을 대충 살펴본 다음 그것을 개의 중요한 장점과 비교하되, 고양이가 더 뛰어나다는 논리를 편다. 이때 어떻게 얘기를 구성하느냐가 중요한데, 제대로만 하면 상대방은 당신이 내세우는 논리의 결함을 지적할 가능성이 매우 크다. 그런데 실제 개의 중요한 장점은 고양이의 사소한 장점보다 훨씬 뛰어난 건 당연하다. 결국, 그들은 당신이 틀렸다는 사실을 입증해내고, 스스로 개가 더 우수한 동물이라는 결론을 내리게 된다.

이 방법은 두 가지 면에서 효과를 발휘한다. 첫째, 사람들에게 고양이가 뛰어난 동물이라고 말함으로써 상대방이 무

...

의식적으로 그 말에 동의하기 싫어지게 만든다. 둘째, 그들 스스로 결론을 내리게 함으로써 당신이 직접 말했을 때보다 그 사실을 더욱 확신하도록 할 수 있다.

사람들은 선택의 자유와 독립심을 중요하게 여기며, 리액턴스는 그걸 강하게 반영한다. 다행히 우리는 이제 리액턴스에 대해 알고 있으니, 이걸 활용해 우리가 원하는 방향으로 사람들에게 영향력을 행사할 수 있다.

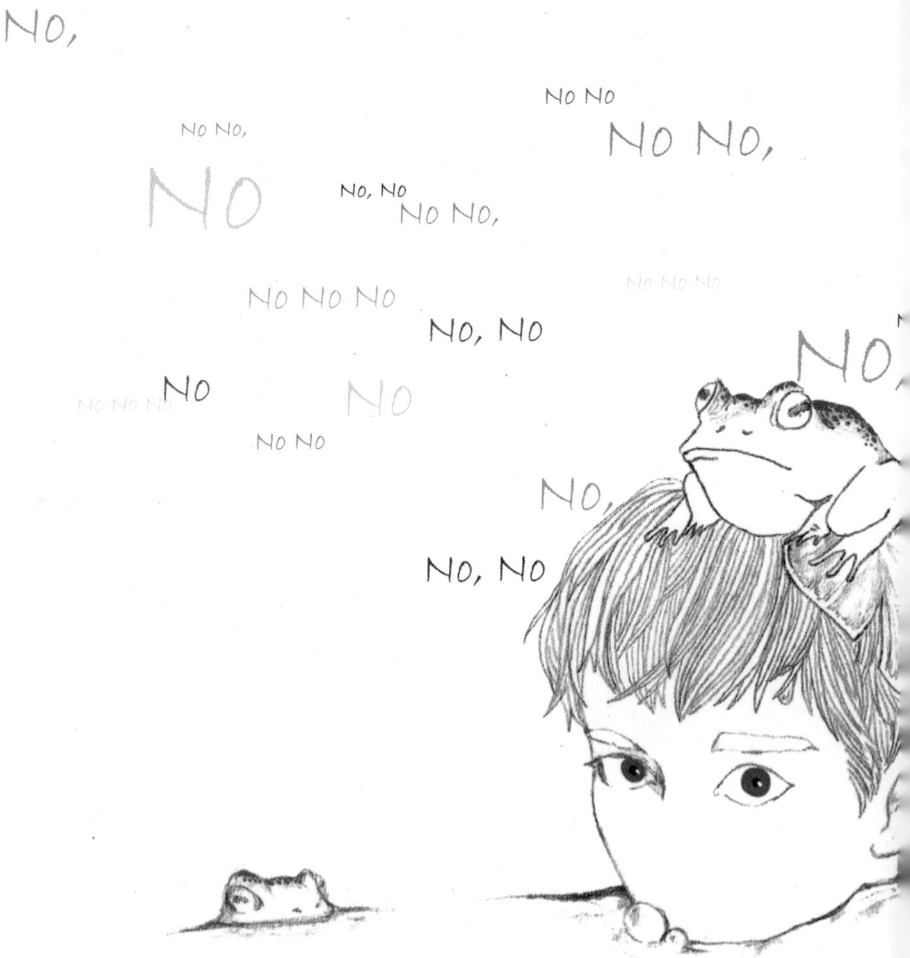

호종녀의 원하는 대답 받아내기

온종일 일에 지친 그와 데이트하기 위해 보낼 수 있는 효과적인 메시지는?

1) 나 종일 자기 기다렸어. 나 보러 올 거지?

2) 나 자기 볼까 했는데, 너무 달아올라서 실수할 것 같아. 오늘 말고 다른
   날 보자!

o

NO

HO, NO

NO NO NO

YES

열둘

모든 사람이 따르는
리더가 되는 법

　우리는 자신의 운명을 100% 자기 뜻대로 움직이고 있는 것처럼 보이고 싶어 하지만, 사실 대부분 사람은 자신을 이끌어줄 리더를 원한다. 그런 사실을 드러내놓고 인정하지는 않지만, 남이 자신을 이끌어주거나 자기 대신 결정을 내려주기를 바라는 것이다. 인도자는 우리에게 위안을 주는 소중한 존재다.

　우리는 보통 선택의 자유를 원한다고 여기지만, 이론적으로는 그걸 원할지 몰라도 그런 자유를 가지고 뭘 어떻게 해야 할지 잘 모르는 경우가 많아서 명확한 방향 제시를 바라는 것이다. 이는 감정적인 문제에서도 마찬가지다. 친구들이 연애 문제에 대한 조언을 구하거나 자기 행동을 정당화하기 위해 당신의 의견을 묻는 일이 있지 않은가?

심지어 친구 집단에도 어떤 결정을 내리거나 계획을 세워야 할 때 다들 의지하는 비공식적인 리더가 존재하게 마련이다. 본인이 내린 판단을 늘 신뢰할 수는 없으므로 자신의 판단이 옳다는 것을 입증하고 다른 이들도 그걸 받아들인다는 것을 느낄 힌트를 얻고 싶어 한다. 감정적인 면에서도 흐름에 따르거나, 다른 사람이 만들어놓은 선례를 좇는 게 훨씬 쉽다. 그러면 어쨌든 고민을 덜 해도 되고 개인적인 통찰이나 자기 탐구도 별로 필요 없다.

친구 사이에서 혹은 직장에서 리더 역할을 맡는 건 당신이 생각하는 것보다 쉬운 일이다. 많은 리더가 불평을 늘어놓는 건 경쟁이나 부담 때문이 아니다. 그들은 단지 비효율적으로 행동하고 있을 뿐이며, 적어도 대니얼 골먼Daniel Goleman이 2000년에 알아낸 사실을 아직 모르는 듯하다.

6가지 리더 유형

감성 지능 및 인성 지능 분야의 선구적 사상가인 대니얼 골먼은 2000년에 시행한 연구를 통해 뚜렷하게 구분되는 6가지 리더 유형을 확인했다. 각 리더 유형은 다양한 종류의 지능과 주요 동기에 따라 구분되는데, 결국 모든 사람이 같은 방식으로 동기를 부여받거나 의욕을 느끼지는 않는다는 것을 전제로 한다.

비전을 제시하는 리더는 영감을 안겨주는 큰 그림을 그리고, 위엄 있는 모습을 통해 동기를 부여한다. 코칭 리더는 조직의 목표와 일치하는 방향으로 개인을 발전시키는 데 집중한다. 친근한 리더는 애정을 갖고 사람들을 지원하는 분위기를 조성하거나, 정서적인 요구를 충족하는 방법을 통해 동기를 부여한다.

민주적 리더는 합의를 끌어내고 그에 뒤이은 후속 투자를 통해 동기를 부여한다. 선도적 리더는 모범을 보이면서 사람들을 이끌고, 말 그대로 그들이 무엇을 달성할 수 있는지 보여준다. 마지막으로 지시적 리더는 명령과 지시를 내리면서 사람들이 그걸 따르기를 기대하며, 따르지 않으면 발생할 수 있는 부정적 결과를 제시하는 방식으로 동기를 부여한다.

. . .

당연히 사람들의 요구는 저마다 다르고 주위의 자극에 대응하는 방식도 다르다. 사람들을 6개의 범주 가운데 하나에 집어넣으면 리더로서의 효율성과 작업 효과가 급등할 수 있다. 사람들은 각자 자기에 적합한 방식대로 일해야 하며, 그랬을 때 나타나는 효과는 무한하다.

비전을 제시하는 리더

이 유형의 정서적 리더는 사람들이 공동의 비전을 향해 전진하게 한다. 여기서 공동의 비전이란 물론 그들 모두의 이상을 말한다. 리더는 그룹 구성원 모두가 공유해야 하는 비전에 대해 말해주지만, 어떻게 해야 그곳에 도달할 수 있는지 정확한 방법은 알려주지 않는다. 이 사람은 우선순위는 정하지만, 단계별 계획을 마련하지는 않는다.

이런 유형의 감성 리더십은 사람들끼리 정보를 공유하고 조정할 수 있도록 방대한 비전을 제시하고, 그 목표를 향해 힘써 나아가는 동안 서로 동기를 부여할 수 있게 하므로 강력한 힘을 발휘한다.

비전을 제시하는 리더의 가장 큰 단점은 노련한 팀원에게 동기를 부여하려고 할 때는 이런 감성 리더십 스타일이 팀원의 기대에 미치지 못하는 경우가 종종 있다는 점이다. 전문가를 상대한다는 것은 곧 자기만의 비전을 가진 사람을 상대한다는 얘기다. 다른 대안을 활용하는 것을 본 적이 있거나, 그런 대안을 알고 있는 사람을 상대해야 하는 것이다.

이런 이들의 의욕을 북돋으려면 훨씬 뛰어난 설득력이 필요하다. 대개 자기만의 명확한 다른 비전을 가진 사람에게 접근하는 좋은 방법은 그들의 의견을 구하는 것이다. 그들이 기존에 쌓은 경험과 비전을 당신이 염두에 두고 있는 큰 비전과 일치시키기 위해 함께 노력함으로써 그들 스스로 자기가 이 일의 '중요한 관계자'라는 느낌이 들게 한다.

이런 유형의 감성 리더십을 적용하기에 가장 적합한 상황은 그룹에 새로운 방향이 필요할 때다. 그룹이 어떤 목표 지점에 도달하기 위해 다양한 방법을 시도해 봤거나, 다채로운

. . .

목표를 이루려고 노력했는데 지금껏 아무런 성과도 거두지 못했다면, 비전을 제시하는 방법이 가장 큰 효과를 발휘할 것이다. 이 리더십 기술이 효과적인 이유는 팀을 둘러싼 분위기에 강한 영향을 주기 때문이다.

실제적인 측면에서 보면 이 감성 리더십 방식은 혼란에 빠졌거나, 주의가 산만해진 친구를 대할 때 가장 효과적이다. 이 사람은 자신이 나아갈 방향을 알고자 하므로 당신이 제시하는 아이디어나 방향을 열린 마음으로 받아들일 것이다. 그가 얻게 될 이익이 뭔지를 당신이 명확하게 안다면, 혼란에 빠진 친구가 당신의 감정적인 리드를 따라가더라도 아무 문제도 없을 것이다.

코칭 리더

코칭 리더는 사실 조력자라고 할 수 있다. 이 사람은 팀원의 개인적인 바람을 특정 조직의 목표와 연결한다. 그는 직장이나 학교에서 팀이 직면하는 구체적인 사안의 범위를 넘

...

어서는 문제에 관해 대화를 나눌 수 있게 해준다. 또 팀원이 자기 내면의 깊숙한 곳까지 파고들어 가 본인의 약점과 강점을 파악하고, 그것을 개인적 목표나 일을 처리하는 방법과 결부시키는 방법을 알아내도록 돕는다.

코칭 리더는 사람들에게 임무를 할당하는 능력이 뛰어나고 팀원을 신뢰한다는 사실을 숨김없이 밝힌다. 코칭 리더의 감성 리더십 스타일은 높은 충성도를 낳는 경우가 많다. 누군가에게 신뢰와 믿음을 보여주면 그들은 거기에 화답할 수밖에 없다.

이 감성 리더십 스타일의 문제점은 리더가 사소한 일까지 통제하려는 것처럼 느껴질 가능성이 있다는 것이다. 친구나 동료의 사적인 부분을 너무 깊이 파고들다 보면, 생활 속의 매우 사소한 부분까지 캐고 들거나 남의 삶을 좌지우지하려는 것처럼 보일 수도 있다. 이 감성 리더십 스타일을 잘못 활용하면 참견하기 좋아하는 사람이나 뭐든 다 아는 체하는 사람으로 오해받기 쉽다.

이런 유형의 감성 리더십을 활용하기에 가장 좋은 경우는 미숙한 사람을 상대할 때다. 자기가 지닌 능력을 아직 제대로 발휘하지 못하는 사람을 대할 때는 코칭 리더십 스타일이 매우 좋은 효과를 발휘한다. 이 접근 방식이 효과적인 이유는 두 사람 사이의 관계에서 풍기는 분위기에 긍정적인 영향을 미치기 때문이다.

친근한 리더

친근한 리더는 화합에 주력하는 사람이다. 그는 모든 팀원 혹은 친구가 서로 좀 더 긴밀한 관계를 맺도록 노력한다. 일단 그런 친밀한 관계가 형성되면 사람들이 그 관계에 감정적으로 투자하기 때문에 서로 조화롭게 협력하리라고 기대하는 것이다. 이런 리더는 어떤 일을 이루도록 독려하기보다는 사람들이 서로 마음을 열도록 하는 데 주력한다.

이 리더십 방식은 성과가 나쁠 때도 그 원인을 밝히려고 하지 않는다. 감정적인 네트워크를 구축하거나, 사람들끼리

• • •
157

서로 관계를 맺도록 유도할 때는 부정적인 피드백 같은 고통스러운 상황에도 대처해야 한다는 것을 기억해야 한다. 그것을 피할 방법은 없다. 그러니 힘든 상황이 닥쳐도 정면으로 직시해야만 한다.

안타깝게도 친근한 리더십 접근 방식을 잘못 실행에 옮길 경우, 사람들의 기분을 좋게 하는 데만 집중하느라 부정적이지만 꼭 필요한 피드백을 하지 않는 경우가 많다. 그러면 사람들은 반대로 어떤 문제에 관해서 얘기하고 또 얘기하는 것만이 그 문제를 해결하는 열쇠라는 잘못된 생각을 하게 된다. 이런 생각은 장차 심각한 문제를 초래할 수 있다. 어쨌든 이런 감성 리더십 기술을 활용하면 많은 친구가 성가시게 투덜대는 사람이 되어 버릴 우려가 있다.

친근한 리더십을 최대한 잘 활용하려면 비전을 제시하는 리더십 스타일과 함께 짝을 이뤄 활용하는 것이 좋다. 다시 말해, 웅장한 비전을 먼저 펼쳐 보인 다음 정서적인 교감을 이루도록 노력하는 것이다. 이때의 성공 비결은 사람이 팀을 위한 웅대한 비전에 감정적으로 투자하도록 이끄는 것이다.

. . .

친근한 리더는 친구들과 함께 문제를 수습하려고 할 때 좋은 효과를 발휘한다. 친구들과의 우정이 험난한 시험을 거치고 사람들이 서로에게 분노를 느낄 때 이런 감성 리더십을 활용하면 서로 간의 분열을 치유하고 팀원이 힘을 모아 힘겨운 상황을 성공적으로 이겨낼 수 있다.

민주적 리더

민주적 감성 리더는 과정에 매우 신경을 쓴다. 이 사람은 팀원에게 최대한 다양한 의견을 얻으려고 노력한다. 당신이 친구 그룹의 감성 리더가 되고자 할 때, 이 민주적 리더십 방식을 활용하면 당신은 올바른 답을 찾는 것에 중점을 두지 않을 수도 있다. 그보다는 사람들이 논의에 참여하여 각자의 견해를 주고받도록 하는 데 주력하게 될 것이다. 이때 사람들이 하는 얘기에는 좋은 면과 나쁜 면이 뒤섞여 있는 경우가 많으므로 당신은 아주 뛰어난 경청자가 되어야만 한다.

이 감성 리더십 방식의 비결은 실행에 있다. 당신이 그걸 어떻게 수행하느냐에 따라 모든 게 달라진다. 제대로 못 할 경우에는 많은 사람의 의견에 귀 기울이면서도 정작 이루는 건 별로 없는 것처럼 보이게 된다.

사람들은 시간을 허비하기 싫어한다는 걸 알아야 한다. 그들이 자기 의견을 나눌 때는 어떤 목표를 이루기 위해서 그러는 것이다. 어떤 일을 해내려고 자기 의견을 말한다는 뜻이다. 민주적 리더십 방식에 푹 빠져 있으면서도 그것을 단순히 남의 말을 잘 들어주기만 하면 되는 것과 같이 제한적으로 정의하면 사람들에게 시간을 낭비한다는 느낌을 줄 수 있다. 문제를 해결하지도 못하고 사람들을 단결시키지도 못하니까, 결국 의견을 얘기하고 정보를 공유한 것이 쓸모없는 짓처럼 느껴지는 것이다.

민주적 리더십을 제대로 활용하는 방법은 그것을 활용해 사람들이 웅대한 비전이나 목표를 받아들이도록 하는 것이다. 또 미리 정해진 의제나 답안이 없다면 정보를 모으는 데도 아주 좋은 방법이다. 그 외에는 이 리더십 스타일에 조심스럽게 접근할 필요가 있다. 문제를 해결하기보다 오히려 더 많은 문제를 일으킬 가능성이 있기 때문이다.

선도적 리더

선도적 리더는 팀을 위한 목표를 세우고 도전 과제를 정한다. 이 사람은 구체적인 목표와 탁월한 성과 기준을 정한다. 이런 리더들은 자기가 세운 기준을 직접 예시해서 보여주기 때문에 유능한 리더라고 할 수 있다. 그들은 자신의 목표를 몸소 실천해서 사람들에게 일을 진행하는 방법을 알려준다. 다시 말해 팀을 위한 본보기가 되는 것이다.

감성 리더십의 측면에서 보면, 이 리더십 스타일을 활용하는 사람은 힘든 시간을 보내고 있는 친구들을 찾아가 그들을 격려한다. 이런 리더는 힘든 처지의 친구들이 더 큰 힘을 발휘해 계속 앞으로 나아가게 한다. 그들은 어떤 목표를 달성하는 과정에서 힘든 시기를 보내는 이들이 게으르거나, 자신에 대한 기대가 별로 크지 않다는 사실을 알고 있다. 따라서 그들을 응원하고, 잠재력을 발휘하도록 격려하며, 도와주겠다고 제안하여 그들이 계속 전진할 의욕을 북돋는다.

이런 유형의 감성 리더십에서 가장 흔하게 볼 수 있는 단점은 남을 이끌어주는 측면이 부족하다는 것이다. 당신이 그들에게 원하는 일을 해내도록 일을 상세하게 분류해주지 않는다는 얘기다. 대부분이 일을 제대로 할 필요가 있다고만 말하고, 그들이 그게 무슨 뜻인지 바로 알아듣기를 바라는 식이다. 이는 목적지만 정해놓으면 사람들이 그곳까지 가는 방법을 본능적으로 알고 있기를 기대하는 것과 마찬가지다.

이건 심각한 문제를 일으킬 수 있다. 친구들을 대할 때는 이 방법이 단기적인 효과를 발휘해 그들이 후회나 우울한 감정에서 벗어나게 할 수도 있다. 하지만 장기적으로 볼 때, 이런 유형의 감성 리더십은 우정에 많은 부담을 줄 수 있다. 당신이 자기에게 너무 많은 것을 기대한다고 생각해 친구들이 의식적으로 당신을 피할 가능성도 있다.

간단히 말해 이 감성 리더십 스타일을 잘못 실행하면 감성 지능이나 타인에 대한 연민의 감정이 부족하다는 것을 무심

· · ·

코 드러내게 된다. 대부분의 지나치게 선도적인 감성 리더는 자기 관리 능력이나 자기 통제 기술이 부족한 것처럼 보일 수도 있다.

이 감성 리더십 스타일은 유능하고 의욕이 충만한 사람을 대할 때 가장 큰 효과를 발휘한다. 즉 자기에게 뭔가 문제가 있다는 것을 알고, 또 그것을 해결하는 방법도 아는 사람을 대할 때 이런 리더십을 활용해야 한다. 그들에게 필요한 것은 동기뿐이다. 그들은 자신을 신뢰하고 성공을 위한 모범이나 예시를 보여주는 사람을 필요로 한다.

하지만 의욕이 별로 없거나, A 지점에서 B 지점으로 가는 방법을 잘 모르는 사람을 대할 때는 선도적 리더십이 효과가 없다. 이 방법은 친구들 사이에서 분위기를 망치고 잘못된 신호를 보내는 경우가 많다. 선도적 리더십 스타일을 잘못 활용하면 누군가에게 동기를 부여하기는커녕 친구를 함부로 평가하는 것처럼 보일 우려가 있다.

지시적 리더

　지시적 리더는 사람들의 두려움을 달래주고, 명확한 방향을 제시하며, 어떤 일을 해야 하는지 말해주는 방식으로 사람들의 감정을 관리한다. 이 리더십 스타일이 성공하려면 매우 높은 수준의 자기 통제가 가능해야 하므로 상당히 어렵다. 아니면 냉정하고 서먹서먹하고 동정심 없는 사람으로 비칠 우려가 있다. 친구를 위로하고 다시 시도하도록 용기를 북돋고자 할 때 냉정하고 서먹한 사람으로 비치는 건 절대 안 될 일이다.

　지시적 리더십 스타일이 진정으로 효과를 발휘하는 것은 단 하나의 특정한 상황에서다. 친구가 개인적인 위기를 겪고 있어서 신속한 조치가 필요할 때, 이런 리더십 방식이 효과가 있을 수 있다. 또한, 다른 유형의 감성 리더십에 반응하지 않는 사람들에게도 효과를 발휘한다. 이 감성 리더십 스타일은 최후의 수단으로만 활용해야 한다고 말하면 무슨 얘기인지 이해했을 것이다. 잘못하면 문제를 해결하기는커녕 더 큰 문제를 일으킬 수 있기 때문이다.

6가지 주요 감성 리더십 스타일에 대해 제대로 알고 있으면, 각각의 사람과 상황에 따라 자신의 감성 리더십을 적용할 능력이 생긴다. 사람들은 저마다 다양한 요구를 하고 있다. 그리고 이런 요구와 기호는 시간이 지남에 따라 변하기도 한다. 다양한 감성 리더십 스타일과 그것이 가장 큰 효과를 발휘하는 상황이 언제인지 알고 있으면, 친구들이 특정한 시기에 필요로 하는 사람이 될 수 있는 능력을 갖추게 된다.

이를 통해 당신은 단순히 호감 가는 사람으로 끝나는 게 아니라, 감정적으로 필수불가결한 존재가 된다. 결국, 무엇보다 중요한 건 상황을 구분하는 능력과 친구들의 감수성을 읽어내는 능력이라고 할 수 있다.

비전을 제시하는 남친

코칭 해주는 남친

민주적인 남친

호종남의 6가지 유형

대부분 여자가 친근한 남자친구를 원하는 것 같지만, 그렇지 않다. 비전을
제시하는 비전형 남자친구를 좋아하는 여자도 있고, 나를 가르쳐주고 챙겨
주는 남자친구를 선호하는 여자도 있다. 친근하고 자상한 남자친구를 선호
하는 경향은 누구나 있지만, 뜻밖에 지시적이고 카리스마 있는 남자친구에
게 끌리는 여자도 많다. 모든 일을 민주적이고 합리적으로 처리하는 대화가
통하는 남자친구를 선호하는 유형도 있고, 매사에 선도적인 남자친구를 원
하는 여자도 있다. 모름지기 남자는 각자의 개성에 맞는 리더십을 갖추고 여
자를 이끌면 된다. 당신이 원하는 리더십 유형을 잘 분석하고 믹스매치해도
된다. 개성에 맞는 내 남자, 내 여자는 내가 고른다!

친근하고 자상한 남친

선도적인 남친

지시적이고 카리스마 있는 남친

열셋

섣부른 판단과
가정을 피하는 법

누군가에 관해 잘 모르는 상태에서는 주로 고정관념을 통해 얻은 정보를 통해 정보 공백을 메우려고 하는 게 당연하다. 일례로 테니스를 즐겨 치는 컨트리클럽 회원을 만났다면, 그 사람은 유복한 환경에서 자랐으며 큰 저택에 살고 생계를 위해 일을 열심히 할 필요가 없을 것으로 추정할 수 있다.

이 추정이 맞을 수도 있지만, 이런 방식은 확실하지도 않고 별로 긍정적이지도 않다. 사실 당신에 관해 어떤 추정을 할 때는 부정적인 방향으로 흐르는 경우가 많으므로 어떻게든 그런 상황을 피하고 싶을 것이다. 다른 사람이 당신을 섣부르게 판단하는 것을 막으려면 어떻게 해야 할까?

과도한 정보는 없다

1989년에 힐튼Hilton과 페인Fein은 사람들이 내리는 판단과 추정, 고정관념의 원인을 찾기 위한 연구에 착수했다. 그 원인은 대개 판단 대상에 대한 정보 부족 때문이었으며, 사람들은 고정관념과 추정에 근거한 정보를 활용해서 빈틈을 메우려고 했다. 힐러리Hilary와 페인은 사람들이 대상에 대해 가진 고정관념과 전혀 무관한 정보를 자세히 제공하기만 하면 유형화나 임의적인 판단을 피할 수 있다는 사실을 알아냈다. 이렇게 고정관념이 희석되면 그 사람을 신뢰하고 좋아하게 될 가능성도 커진다고 한다.

이런 연구결과가 우리에게 시사하는 바는 무엇일까? 세상에 과도한 정보TMI, Too Much Information라고 불릴만한 건 없다는 것이다. 당신의 삶에 관한 쓸모없고 무의미해 보이는 세부 정보를 제공하면 주변 사람이 당신을 더 좋아하게 되고, 고정관념에 비추어 당신을 바라보는 일이 줄어들며, 당신과의 관계에 감정적으로 더 많은 투자를 하게 된다. 세상 사람들은 TMI를 비웃곤 하지만 사실 TMI는 당신에 대한 호감을 더 높여줄

. . .

수 있다!

지나칠 정도로 많은 정보를 공유하다 보면 실제로 사람들
이 당신에게 감정적으로 더 많은 투자를 하게 된다. 당신은 이
제 위협적인 존재가 아니라, 자기가 잘 아는 사람이 되는 것이
다. 따라서 당신에 대한 의혹의 눈초리를 거두고 기꺼이 유리
한 방향으로 해석하려고 한다. 이렇듯 당신의 과거와 관련된
사소한 정보를 공유함으로써 친밀도가 높아지게 된다.

그리고 이때, 그런 세부적인 정보가 당신의 신분이나 경
력, 위협적이지 않은 성격, 인생 여정 등과 실제로 관련이 있
는지는 중요하지 않다. 선호하는 안경 브랜드나 좋아하는 색
상, 혹은 어디에서 학교에 다녔는지 등에 관한 정보만 알려
줄 수도 있다. 당신에 관한 정보가 많이 공개될수록 당신을
쉽게 판단하거나 유형화할 수 없게 되는데, 이는 당신이 그런
고정관념이나 추정에 더는 들어맞지 않기 때문이다.

예를 들어, 테니스를 자주 하고 컨트리클럽 회원인 사람이
사실 가난한 집안에서 자랐고 테니스 장학금으로 대학에 갔

· · ·
172

다는 사실을 알게 된다면 어떨까? 그런 사실이 그 사람에 관한 당신의 시각을 바꿀까? 확실히 전처럼 고정관념을 들이대거나 온갖 추정을 하지는 않을 것이다. 영화 속 정적인 등장인물처럼 생각되던 사람이 갑자기 눈앞에서 살아 움직이는 삼차원의 존재가 된다. 그는 인간다운 모습을 지녔고, 결국 모든 인간은 복잡하게 혼재된 존재라는 걸 깨닫게 되는 것이다.

사실 당신은 중요한 정보는 하나도 알려주지 않았다. 근본적으로 중요하거나 유용한 세부 사항은 전혀 밝히지도 않은 것이다. 하지만 여기서 중요한 건 그게 아니다. 호감을 극대화하기 위한 과도한 정보 공유는 오로지 사람들에게 당신의 다른 측면을 안다는 느낌을 주기 위한 것이다.

인간은 상호적 존재다

당신이 자기 삶에 관한 자세한 얘기들을 털어놓으면, 듣는 사람이 당신에게 마음이 끌리거나 마치 친밀한 사이처럼 당신에 관해 잘 알고 있다고 느끼기 쉬워진다. 그들은 당신의 내면이 작동하는 모습을 흘끗 들여다본 것이다.

사실 당신은 중요하지 않고 해가 없는 정보만 털어놓았을 뿐이다. 하지만 그런 얘기를 들은 사람들은 당신이 그런 사적인 세부 사항까지 털어놓을 만큼 자기를 신뢰한다고 느끼기 때문에 당신에게 마음이 끌릴 수밖에 없다. 그리고 그런 당신의 신뢰에 화답하기 위해 당신을 더 좋아하게 된다. 간단히 말해 이게 효과를 발휘하는 이유는 당신이 인간답게 보이기 때문이다.

당신에게 그런 구체적인 사연이 있다는 걸 밝히고 연약한 존재라는 사실을 공공연하게 드러냈기 때문에 좀 더 쉽게 자신과 결부할 수 있는 사람이 되는 것이다. 앞서 말한 것처럼, 상처받기 쉬운 분위기를 풍기면 당신에게 접근하기 쉽다고 생각하기 때문에 사람들이 당신을 더 좋아하게 된다. 당신에게 접근하기 쉬워지면 당신과 자신을 동일시하면서 가까이 다가가기 쉬워지는 것이다.

· · ·

고정관념을 극복하라

우리는 고정관념에 둘러싸여 있다는 현실을 직시해야 한다. 우리는 물리적, 개인적 속성을 바탕으로 서로에 관해 온갖 종류의 속단을 내린다. 이게 반드시 나쁜 것만은 아니다. 사실 인간이 무의식적으로 서로에 관한 고정관념을 갖는 것은 그것이 우리의 생존 본능에서 유래했기 때문이다. 사자나 사자처럼 생긴 동물에 관한 고정관념 덕에 우리는 생존할 수 있었을 것이다.

고정관념 자체에 본질에서 잘못된 부분은 전혀 없다. 하지만 고정관념을 활용해 사람들을 쳐내거나 무시한다면 해로운 존재가 된다. 이런 사람이 바로 우리가 만나야만 하는 사람인지도 모른다. 그러나 그들은 우리의 개인적인 경험을 풍부하게 하는, 삶에 꼭 필요한 그런 존재들이다.

우리는 자신에 관한 정보를 과다하게 공유하는 방법으로 사람들이 우리에 관해 가진 고정관념을 물리칠 수 있다. 여러 가지 세부 정보를 털어놓으면 서로 품고 있던 의심이 크게

· · ·

줄고 사람들은 당신 곁에서 마음을 놓게 된다. 당신이 제공하는 정보가 일관성이 있고 당신이 약점을 드러내 보인다면, 사람들의 감정적 투자가 늘어나 결국 당신을 보호해주고 싶어 하는 수준에 이를 수도 있다.

결국, 무의미한 세부 정보를 충분히 제공하는 것만으로도 당신이 진짜 어떤 사람인지 보여주는 상당히 정확한 그림이 완성되는 것이다.

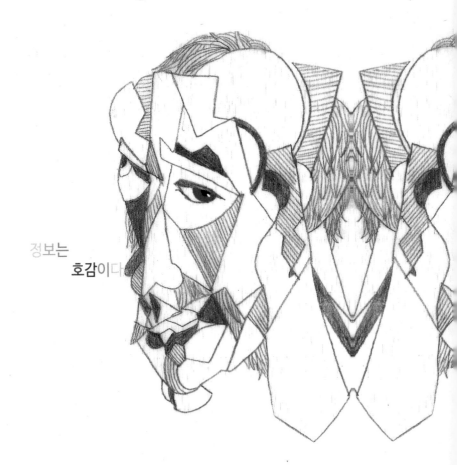

정보는
호감이다

Data
is
likability

호종남에 관한 입체적 정보 수집

삼십 대의 잘생긴 훈남 CEO 호감남 A는 큰 키와 잘생긴 얼굴, 그리고 굵직한 목소리까지, 누가 봐도 금수저를 물고 태어난 상속자라고 생각했다. 주위에는 늘 사심녀가 들끓고, 호감남 A는 그것을 은근히 즐기는 타입이다. 하지만 어느 날 호감녀 B는 그의 친구로부터 우연히 호감남 A의 자라온 환경에 관한 이야기를 접할 수 있었다. 아버지의 부도와 부채의 가족사, 일찍 경제적 독립을 하게 된 이야기, 그를 만들어낸 성실함, 시간을 아껴 쓰는 노력형 인간이라는 것을 알게 된 호감녀 B는 그에게 더욱 입체적 호감을 느끼게 된다. 호감녀 B의 눈에서 곧 하트가 쏟아지는 일만 남은 것 같다.

열넷

사람들이 당신에
가까이 있게 하는 법

이 책에 계속 등장하는 주제 가운데 하나는 사람이 매우 복잡한 존재로 보일 수 있지만, 사실 사람이 내리는 결정은 매우 단순하다는 것이다. 사람이 어떤 일에 대해 품은 동기와 관련해 다양한 이론을 제시할 수도 있지만, 대부분은 아주 간단한 무의식적 과정에 지나지 않는다.

겉보기에는 복잡해 보이지만, 극히 간단하게 설명할 수 있는 수수께끼가 하나 있다. 우리는 기분을 좋게 해주는 사람에게 마음이 끌리고, 고통을 느끼게 하는 사람은 피하려고 한다. 그리고 기분을 좋게 해주는 사람은 물론 관련된 사람이나 사물에도 마음이 가는데, 이를 고전적 조건 형성이라고 한다.

이것이 다른 사람들이 당신을 주변에 두고 싶어 하는 것과 어떤 관련이 있을까?

존재만으로도 기분이 좋다

당신은 파블로프Pavlov가 그의 개를 이용한 실험에 관해 잘
알게 되었을 것이다. 그는 개에게 먹이를 주는 행위와 종소
리를 연결했고, 결국 그의 개는 종소리만 듣고도 침을 흘리는
수준에 이르렀다. 고전적 조건 형성은 사람들의 잠재의식에
작용한다.

바이런Byrne과 클로어Clore는 1970년에 파블로프의 연구결과
를 확대한 결과를 발표했다. 만약 기분이 좋을 때 어떤 사람
이 곁에 있으면, 그가 기분에 전혀 관여하지 않더라도 그가
곁에 있을 때마다 기분이 좋아진다는 사실이다. 다시 말해,
당신이 종소리가 되어 당신의 존재만으로도 좋은 기분을 느
끼게 할 수 있다는 것이다.

사람들이 당신을 주변에 두고 싶어지게 하려면 그들의 좋

. . .

은 기분과 연관을 맺어야 한다! 이것을 가능하게 하는 방법이 몇 가지 있다.

유쾌와 긍정의 효과를 활용하라

상황을 한번 요약해보자. 사람들은 행복을 추구하기 때문에 당연히 자기 행복의 근원과 가까이하고 싶어 한다. 장기적으로 볼 때 유쾌하고 긍정적인 태도를 지닌 사람이 성공하는 것도 이런 이유 때문이다. 좋은 기분을 유지하고, 행복한 표정을 짓고, 남을 칭찬하거나 찬사를 보내는 게 얼마나 효과적인지 알면 다들 깜짝 놀랄 것이다.

우리의 일상에는 불쾌한 사람이 많은데, 대부분 사람은 자신의 불행에 몰두하느라 남을 기분 좋게 해줄 여력이 없다. 그런 음울한 하루하루에 당신이 한 줄기 햇살이 되어 준다면 어떤 일이 벌어질까?

답은 간단하다. 사람들은 당신과 긍정적인 기분을 연결하게 되고, 결국 무의식적으로 당신에게 같이 어울리자고 청하게 될 것이다. 그 이유조차 정확히 모르는 채로 말이다. 뇌는 계속해서 엔도르핀을 생성하고, 또 그렇게 하라고 명령한다. 이 경우, 당신은 파블로프의 실험에서 긍정적인 기분의 직접적인 원인인 먹이의 역할을 하는 셈이다. 정신적으로 배가 고픈 사람은 당연히 당신 주위에 있고 싶어 할 것이다. 마찬가지로, 당신이 그들의 기분을 좋게 해줄 수 있다면 그들이 당신 곁에 있고 싶어 하는 것은 당연하다!

그러나 이는 흔히 볼 수 있는 인간적인 상호작용과 관련된 접근 방식이 아니다. 아까도 말했듯이, 우리는 자기 삶에 너무 몰입해 있어서 그런 식으로는 남들에 관심을 가질 수가 없다. 실제로 활용 가능한 한 가지 방법은 말 그대로 당신이 참석하는 모든 모임에 먹거리를 가져가는 것이다! 그러면 사람들은 언제나 당신의 존재를 환영하기 시작할 테지만, 그게 당신의 눈부신 개성 때문이 아니라 음식 때문일지도 모른다는 사실은 깨닫지도 못한다. 그저 당신이 곁에 있기를 바랄 테고, 그것이면 얘기는 끝난 것 아니겠는가.

. . .

이렇게 사람을 상대로 자신만의 개인적인 브랜드를 구축하는 것이다. 누구나 자기 브랜드가 즐거운 시간이나 즐거운 감정과 연관되기를 바랄 것이다. 주변 사람의 기분을 좋게 해주면 곧바로 이 과정을 시작할 수 있다. 그리 많은 노력이 필요한 일도 아니다. 그들을 솔직하게 칭찬하면서 미소를 짓거나, 긍정적인 느낌을 전하면 사람들은 곧 당신 곁에서 긍정적인 기분을 느끼기 시작할 것이다.

사람들이 좋아하는 것과 연관 지어라

앞에서 얘기한 요점은 파블로프가 자기 개에게 주던 먹이, 그러니까 좋은 기분을 느끼게 된 직접적인 원인이 되라는 것이었다. 그렇다면 종소리가 되는 건 어떨까?

이 과정도 마찬가지로 쉽다. 파블로프의 개는 종소리를 들으면 침을 흘렸다. 이는 종소리가 개가 사랑하는 것, 즉 음식과 연관되어 있었기 때문이다. 따라서 당신이 종소리가 되려면 상대방이 좋아하는 것이 뭔지 알아내서 그것과 자신의 존재를 함께 드러내면 된다.

누군가 아이스크림을 좋아한다면 모임에 아이스크림을 가져가거나, 그들이 좋아하는 아이스크림 가게에 함께 가는 것이다. 누군가 미시간 호수를 좋아한다면 당신도 그곳에 한 번 다녀올 생각이라고 말하거나, 아예 그들과 함께 미시간 호수로 여행을 떠나는 계획을 세울 수도 있다. 누군가 개를 좋아한다면 그들과 함께 친구의 개를 데리고 산책하러 가거나, 동물 애호 단체를 방문하는 것도 좋다. 그저 약간의 조사를 한 뒤에 그들이 좋아하는 것과 당신을 함께 그들에게 보여주면 되는 것이다.

결국, 이런 반복적인 노출이 최적의 상황을 조성하여 개나 아이스크림이 사라진 뒤에도 계속 당신을 곁에 두고 싶게 되는 것이다. 무엇보다도 연관성이 가장 중요하다.

호종남의 3가지 기법

사심남 A는 3가지 기술을 통해 호감녀 B를 단숨에 가까운 사람으로 만들었다. 먼저, 회의실에서 마주치거나 일로 만날 때 사탕, 초콜릿 그리고 작은 캔들과 같은 조그만 선물을 불편하지 않게 호의적으로 건넸다. 다음으로, 호감녀 B를 만날 때마다 그날의 분위기, 패션, 외모를 콕 집어 3가지씩 칭찬하였다. 마지막으로, 사심남 A는 최근 읽은 책, 최근 경험한 기분 좋았던 여행, 행복한 에피소드를 이야기했다. 자연스럽게 호감녀 B는 사심남 A와 함께하면 기분이 좋아졌고, 기분이 좋아지기 위해 사심남 B를 자신의 모임과 파티에 부르게 되었다.

열다섯

신뢰와 신용을
얻는 법

당신이 최근 뭔가 '음습한' 부분이 있다고 생각한 사람은 누구인가? 이유를 제대로 설명할 수는 없을지 몰라도, 그들에게 어떤 '나쁜 낌새'를 느끼고 그들을 더는 신뢰할 수 없다고 생각하게 되었을 것이다.

과학적인 측면에서도 사람들의 신뢰와 신용을 높이거나, 반대로 완전히 망쳐놓을 수 있는 작고 미묘한 신호가 무수히 많다. 미디어 관련 교육을 받은 적이 있거나 정치가가 언론을 상대하는 모습을 본 적이 있다면, 신뢰가 우연히 생겨나는 게 아니라는 걸 알 것이다. 이것은 말 그대로 우리의 성패를 좌우하는 정교하게 조정된 과학이다.

이 사람은 위협적인 존재가 아니니 잘 따르며 의견에 귀를 기울여야 한다는 걸 무의식적으로 알려주는 구체적인 지표가 존재한다. 이런 다양한 신호가 나타나야만 신뢰가 싹튼다. 그리고 신뢰가 있어야만 신용이나 우정의 긍정적인 이점이 모두 따라오는 법이다.

상황에 따라 신뢰도 달라진다

1999년에 개스Gass와 셀터Selter는 신뢰성에 관한 연구를 시행했다. 신뢰가 발생하는 원인은 무엇인가? 그들은 상대에 대한 신뢰를 나타내는 미묘한 지표와 신뢰를 손상하는 징후를 여러 가지 발견했다.

신뢰할 만한 사람으로 여겨지기 위해 드러내야 하는 신호들을 살펴보기 전에, 신뢰는 맥락에 따라 달라지는 문제라는 점을 짚고 넘어가야 하겠다. 어떤 상황에서는 신뢰할 만한 사람으로 보일지 몰라도, 상황이 달라짐에 따라 전혀 믿을 수 없는 사람으로 보일 수도 있다.

신뢰를 증폭시키는 신호들

믿을 만한 사람으로 보이기 위해 작동해야 하는 신호로는 다음과 같은 것들이 있다. 즉, 다음과 같은 신호가 당신의 신뢰를 높여준다.

□ 당신의 과거 경험과 자격을 강조하라.

사람들은 당신이 하는 말에 관해 '제대로 알고 말하고 있다.'는 것을 증명하는 객관적 지표를 찾으려고 한다. 적어도 당신이 내리는 판단이나 결정이 실제적인 뭔가를 바탕으로 한다는 결론을 내리기 위해 그것을 뒷받침하는 사실들을 확인하고 싶어 하는 것이다. 대부분 사람이 이를 중요하게 생각하는 이유는 당신이 과거에 이미 어떤 일을 해본 적이 있다면 지금 할 일이 뭔지 제대로 알고 있을 가능성이 크기 때문이다. 당신이 올바른 정보를 알고 있다면 올바른 결정을 내리게 될 것이라는 판단이다. 비록 현 상황과 직접 관련된 경험은 없더라도 비슷한 경험을 적절한 각도에서 보여주는 것도 좋은 일이다.

□ 당신이 얼마나 신경 쓰는지 보여줘라.

당신이 다른 이들에게 정말 관심이 있고 그들에게 최선의 이익이 돌아가도록 마음을 쓴다는 사실이 명확하게 드러나면 당신을 신뢰할 가능성이 커진다. 그들을 돕는 것 이외의 다른 목적을 위해 행동해서는 안 된다. 당신이 뭔가를 팔거나 사리사욕을 채우려고 한다는 사실을 다른 사람이 알아차리는 순간, 당신을 신뢰할 가능성은 작아진다. 여기에서 서로의 이해관계가 충돌하는 것이다. 그들은 당신이 자기 이익을 추구하느라 너무 바빠서 다른 사람을 돌아볼 틈이 없다고 느끼게 된다.

□ 유사점을 보여줘라.

사람들이 당신의 모국어뿐만 아니라 복장이나 몸짓 언어, 말하는 스타일 등에서 자기와 비슷한 점을 발견하면 당신을 신뢰할 가능성이 커진다. 이건 사실 당연한 일이다. 앞에서 이미 한 장을 통째로 할애해 이 현상에 대해 다루지 않았던가. 사람들은 자기와 비슷한 타인을 좋아하는 경향이 있다. 특히 당신이 좋은 인상을 주고자 하는 사람들과 같은 가치관을 가진 것처럼 보이면 호감도가 더욱 높아진다. 사람들은

...

가족처럼 자기와 비슷한 사람을 무의식적으로 신뢰하기 때문에 당신도 신뢰한다.

□ 확신에 찬 모습을 보여라.

자기 뜻에 확신이 있고 반론이 제기되어도 그걸 신속하고 합리적으로 물리칠 수 있다면 남들 눈에 전문가처럼 보일 것이다. 이 말은 당신이 '자기가 무슨 말을 하는지 잘 알고 있다.'는 뜻이다. 당신이 논거의 다른 측면에 관해서도 알고 있고, 그런 반대되는 논거를 설득력 있게 물리칠 수 있으면 다른 사람이 당신의 판단을 신뢰할 가능성이 크다. 다시 말해, 단호하게 행동할수록 더 신뢰할 만한 사람으로 보인다.

□ 사회적 검증을 활용하라.

믿을 만한 사람이 당신을 추천하면 당신에 대한 다른 사람의 의혹이 줄어든다. 사람들이 전문가라고 생각하며 신뢰하는 이가 당신을 추천하면 기본적으로 그들의 영향력을 활용할 수 있다. 사람들이 신뢰하는 이가 이미 당신을 위해 문을 활짝 열어준 상태이기 때문에 따로 사람들을 설득할 필요도 없다. 이건 극히 중요한 경쟁우위지만, 안타깝게도 모든 사람

...

이 이런 기회를 활용할 수 있는 것은 아니다. 이는 누군가 당신의 신뢰도를 보증했기에 사람들이 당신을 한번 믿어보기로 하는 것인데, 이런 소개에는 정말 강력한 힘이 담긴다.

신뢰를 망치는 신호들

당신이 발산하는 신호 중에는 신뢰성을 약화하거나 망치는 것도 있다. 만약 어떤 부분에서든 모순되는 행동을 한다면 그 행동은 곧 남에게 경고 신호가 된다.

'음, 아, 어'와 같은 언어적 틱을 자주 사용하면 뭔가 망설이는 듯하고, 이로 인해 사람들은 무의식적으로 당신이 거짓말을 한다는 인상을 받을 수 있다. 적어도 자기가 하는 말에 관해 잘 모른다는 인상을 주기에 충분하다. 거짓말을 하거나, 눈에 띄게 과장된 얘기를 늘어놓다가 들켜도 그때까지 쌓아온 모든 신뢰가 무너질 수 있다.

만약 어떤 주장에 관한 확신이 없다면 다음과 같은 간단한

· · ·

규칙을 따르면 된다. 스스로 의구심이 드는 부분이 있으면 그 부분은 빼고 말한다. 사람들이 많은 질문을 던질 텐데, 자기가 그 질문에 관한 답을 잘 모른다는 사실을 기억하고 있어야 한다. 영웅처럼 보이려고 애쓰며 추측한 답을 내놓기보다 차라리 솔직하게 잘 모른다고 말하거나 나중에 알려주겠다고 하는 편이 훨씬 낫다.

우리는 무슨 이야기를 할 때 '내 생각에'라는 말을 앞에 덧붙이길 좋아한다. 이는 대화가 끊어지지 않게 하고 잠재적으로 발생할 수 있는 어색한 침묵을 메우는 한 가지 방법이다. 문제는 이 말을 너무 자주 하는 것인데, 그러면 당신의 신뢰성이 약화한다. 뭔가를 아는 것과 추측하는 것 사이에는 엄청난 차이가 있다는 것을 기억해야 한다. 평소 자주 사용하는 단어 중에 이런 표현을 없애면 신뢰에 큰 도움이 된다.

마지막으로, 지나치게 정중한 태도는 피해야 한다. 놀랍지 않은가? 과도하게 공손하거나, 아첨하는 듯한 태도는 나약하고 자신감 없는 모습으로 비칠 수 있고, 그러면 결국 당신이 내놓은 의견도 그런 식으로 받아들인다. 사람들은 자기가 의견을 경청하고 따를 수 있는 리더를 원한다는 사실을 기억하자. 그런 사람 앞에서 너무 신중한 모습을 보이다 보면 자칫 잘못된 신호를 보내게 된다.

만약 구직할 때라면 이런 요소를 모두 명심하면서 각별한 주의를 기울여야 한다. 신뢰는 사회생활에서 매우 중요하기 때문에, 자기도 모르는 사이에 사람들이 의견을 경청하는 인물이 되려면 꼭 필요한 요소들을 알아두어야 한다.

사

소

한

호종남의 사소한 신뢰 쌓기

그녀의 신뢰를 얻는 일은 시간이 오래 걸리지만, 신용을 잃는 데는 한순간이
면 충분하다. 만날 시간, 주기로 한 선물, 여행 약속 등 지킬 수 있는 약속을 많
이 한다. 그리고 간단히 메모하여 잘 기억하면서 약속을 지켜나가면 그녀는
그를 신뢰할 수밖에 없다. 무리한 약속이나 지키지 못할 약속은 아예 하지 않
고, 쉬운 약속을 하며 그것을 하나씩 지켜나가는 것으로 그녀의 신뢰를 얻는
다. 그러면 당신과 그녀의 관계는 RPG 게임 캐릭터 성장하듯 무럭무럭 자랄
것이다.

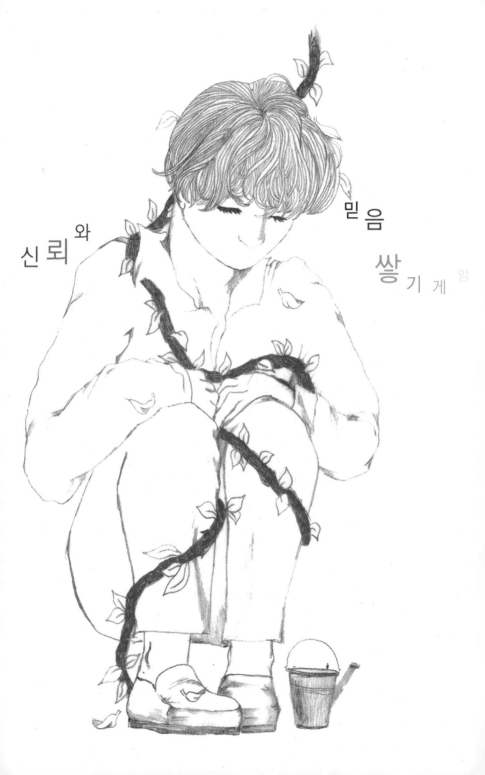

열여섯

다수의 동의를
얻는 법

앞 장에서는 개인을 자기편으로 끌어들이는 방법을 배웠다. 이번에는 집단 전체를 설득하는 방법을 배운다. 좋은 점 하나는 사람들이 무리 지어 있을 때는 군중 심리가 작동한다는 것이다. 이 말은 집단을 설득할 때 사람들을 한 명 한 명 따로 설득할 필요가 없다는 뜻이다. 그냥 집단 사고를 활용해 특정한 두어 가지 측면만 집중하면 성공을 거둘 수 있다.

집단 역학을 파악하라

1981년에 라탄Latane과 울프Wolf는 라탄이 이전에 시행한 집단 사회 역학에 관한 연구와 사회적 영향 이론을 한층 더 확대했다. 그들은 집단 역학은 대부분 다수 집단에 속한 사람

수와 그 사람들이 당신과 얼마나 가까운 사이인지, 그 집단이 당신에게 얼마나 중요한지와 같은 세 가지 요인에 따라 작용한다는 사실을 알아냈다.

대개 이런 세 가지 요건을 모두 만족하면서 집단 역학 내에서 영향력을 발휘하는 핵심 인물이 한두 명 정도 있다. 모든 집단 사고와 군중 심리의 배후에는 이런 인물이 존재하며, 일상생활에서 늘 우리에게 무의식적인 영향을 미친다.

핵심 인물에 집중하라

무엇보다 집단 내에서는 한 명의 특정 구성원을 리더로 지정하고 다른 이들은 모두 추종자가 되는 경향이 있다. 이는 의식적인 행동이 아니라, 그저 사람들이 모일 때마다 불가피하게 발생하는 사회 역학이다.

단체로 저녁 먹을 장소를 정할 때면 제일 먼저 의견을 내거나, 다른 사람들이 그의 승인과 최종적인 결정을 바라는 사람이 늘 있다. 이런 역학 덕에 당신이 할 일이 훨씬 쉬워진다. 이렇게 집단 내에서 중심적인 역할을 하면서 주변에 영향을 미치는 사람에 집중하면, 노력을 적게 들이고도 집단을 설득하여 목표를 달성할 수 있다. 이런 영향력 있는 사람이 당신을 위해 일하도록 하면 집단 전체가 당신의 의견에 동의하거나 당신을 좋아하게 할 수 있다.

능력이 뛰어난 마케팅 담당자들은 이 사실을 잘 알고 있다. 무능한 마케팅 담당자는 모든 사람의 호의를 따로따로 얻는 것이 그들의 마음을 끌고 인기를 얻는 비결이라고 생각해 소셜 미디어 계정을 일일이 팔로우하며 '좋아요'를 누른다. 하지만 이런 숫자 중심의 접근 방식은 효과가 없다. 훌륭한 마케팅 비결이자 무리에 속한 많은 사람이 당신에게 호감을 느끼게 하는 비결은 영향력을 행사하는 사람, 즉 다른 이들이 따르고 귀를 기울이는 사람에 집중하는 것이다.

그런 사람을 자기편으로 만들면 그들의 신용도와 전문성이 당신에게도 영향을 미치게 된다. 그들의 추종자들도 자기가 존중하고 존경하는 인물이 당신을 따르거나 신뢰하는 모습을 보면 당신도 따를 만한 가치가 있는 사람이라는 사실이 증명되었다고 여겨 당신의 말에 귀를 기울이게 된다.

친구 집단에서 각각의 친구들과 접촉하거나 설득하려면 많은 시간과 노력, 자원을 투자해야 한다. 하지만 그러기에는 너무 많은 자원이 요구되는 것은 물론, 다른 사람들 몰래 일을 처리하려다 어느 순간 정치적인 분위기로 변질하기도 한다. 그리고 결과적으로는 집단을 설득하는 능력을 인정받지 못하게 된다. 그보다는 해당 집단의 핵심 인물에 시간과 에너지를 집중하는 편이 훨씬 낫다.

핵심 인물을 움직여라

집단을 설득하기 위한 첫 번째 단계는 그중에서 누가 핵심 인물인지 알아내는 것이다. 무리의 리더가 누구고 추종자가 누구인지 파악하는 것이다. 이것은 생각만큼 복잡한 일이 아니다. 어떤 결정을 내려야 하는 상황에서 사람들이 어떻게 반응하는지 관찰해보면 쉽게 알 수 있다. 사람들은 상징적으로도 핵심 인물에 의지할 뿐만 아니라, 실제 시선도 그들을 향한다. 어떻게 반응해야 할지 잘 모르는 상황에 부딪히면 추종자들은 리더가 어떻게 하는지 살펴본 뒤, 그에 따라 적절한 반응을 보인다.

누가 리더고 누가 추종자인지 알아내는 또 하나의 방법은 어떤 행사나 활동 계획을 세울 때 솔선수범하는 사람이 누구인지 주목하는 것이다. 대개 리더가 먼저 나서는 경우가 많기 때문이다. 추종자들은 대체로 집단 역학 내에서 더 수동적으로 행동하며 흐름을 따라가는 게 마음 편하다고 여긴다. 그들은 스스로 결정을 내리지 않으며, 항상 다른 이들이 먼저 행동해주길 바란다.

리더와 추종자를 구분하면 이제 누구에게 다가가 주의를 끌어야 할지 알 것이다.

. . .

리더와 함께 일하라

어떤 사회 집단에서 인정받는 리더와 함께 일하면 그들이 그동안 쌓아놓은 신뢰를 활용할 수 있다. 그리고 결국 그들이 당신의 리더십 역량을 보증하게 된다. 즉, 그들이 지닌 신용과 전문 지식을 상당 부분 빌려준다는 얘기다. 노골적으로 결정에 영향을 끼치고 싶지는 않더라도 당신이 리더의 생각을 바꿀 수 있고 리더는 당신을 위해 집단 전체의 생각을 바꿔줄 수 있다.

존경받는 리더를 자기편으로 만들수록 집단 생태계에서 더 높은 자리를 차지할 수 있으므로 이는 더욱 중요하다.

. . .

연예
의
집단

연예

의

집단

역

학

학

호종남의 연예 집단 역학 노하우

K대 경영학과 A는 Y대 무용과에 유난히 미인이 많다는 것을 알게 된다. 무용과에도 특별한 미인 삼인방이 존재한다는 것을 알게 된 사심남 A는 이 세 명의 여심 공략에 성공한다. 이후, Y대 무용과 여학생 사이에 사심남 A는 K대 경영학과 킹카로 소문이 났다. A는 모든 무용과 여학생이 만나고 싶어 안달하는 남자로 전설이 되었다.

당신의 호감을 믿어라

내가 지금껏 공부한 심리학이 드디어 성과를 올린 듯하다!
아니, 사실 그 부분에 대한 평가는 아직 이르지만, 일상생활
에서 더욱 호감 있고 매력적인 사람이 되는 방법을 배우는 데
는 도움이 된 게 분명하다.

하지만 그렇다고 해서 우리가 누군가를 처음 만나자마자
혹시 우리 사이에 어떤 공통점이 있지 않으냐고 묻는다거나,
남에게 약점을 드러내 호감을 얻으려고 일부러 걸려 넘어진
척하지는 않는다. 또 만나는 사람마다 붙잡고 그날 무슨 일
이 있었느냐고 묻거나, 자신에 관한 고정관념을 갖는 걸 피

하고자 무의미한 정보를 마구 쏟아내지도 않는다. 그런 것은 이 책을 통해 얻은 지식을 활용하는 최적의 방법이 아니다.

이런 심리 현상이 다른 이들의 잠재의식에 영향을 미치는 것처럼, 당신도 교묘하고 무의식적인 방법으로 이 모든 전략을 구사해야 한다. 또 효과를 곧바로 정량화하는 것도 불가능하므로, 이런 관행들을 일상생활에 조금씩 통합시켜 가는 것이 가장 좋다. 사실 이것은 그런 통합을 목표로 하는 상호이익 추구 전략이다. 심리적인 효익 외에도 훌륭한 사회적 습관을 형성해 남과 같이 어울리기에 좋은 사람이 되기 때문이다.

지금까지 다룬 호감에 관한 과학은 경험적인 연구와 증거를 활용해 사람들이 당신을 좋아하게 만드는 방법이다. 자신이나 자신의 직관, 혹은 다른 사람의 조언은 신뢰하지 않더라도 여기서 알려준 방법을 활용하면 절대 잘못된 방향으로 나아가지 않는다고 확신한다.

이것이 바로 과학적인 방법의 장점이다!

. . .

당신을 위한 커닝 페이퍼

□ 하나. 사람들의 기분에 영향을 미치는 법

외부와 단절된 공백 상태에서는 감정도 존재하지 않지만, 반대로 이전에 어떤 기분을 느꼈을 때 주변에 있던 사람이나 장소, 물건에 영향을 받을 수도 있다. 우울감에 젖어 있는 사람의 기분을 북돋고 싶다면, 그들이 최근에 기분 좋았을 때 있었던 일들에 관해 얘기해보자.

□ 둘. 사람들의 마음을 읽는 법

사람들은 신체적인 반응을 먼저 느낀 뒤, 그런 각성을 일으킨 대상이 무엇이냐에 따라 자기가 느낄 감정을 정한다.

사람들이 그날 무슨 일을 겪었고 그 일에 관해 얼마나 강렬한 감정을 느꼈는지 정확하게 파악할 수 있다면 그들 자신도 정확하게 모르는 기분을 손쉽게 파악해낼 수 있다.

□ 셋. 적을 친구로 만드는 법

벤저민 프랭클린 효과는 인지 부조화와 관련된 교훈이다. 어떤 사람에게 사소한 일을 부탁하면 그들의 내면에서 그것을 합리화하는 방식 때문에 당신에 관한 호감도가 높아진다.

□ 넷. 남에게 이용당하지 않는 법

대인관계와 우정은 서로 동등한 수준에서 맺어질 때 가장 행복하다. 당신이 동등한 관계를 추구하면서 상대가 느끼는 분노나 죄책감을 덜어주면 그들은 당신을 신뢰할 수 있고 호감이 가는 좋은 친구로 여길 것이다. 중요한 사람과의 관계에서는 추가 어느 쪽으로 기울어지는지 계속 신경 쓰고 기억해야 한다.

□ 다섯. 단시간에 친한 친구가 되는 법

우리는 다른 사람이 생각하는 대로 그런 존재가 된다. 이 말은 곧 당신이 특정한 방식으로 행동할 경우 다른 사람도 당신을 그렇게 대한다는 뜻이다. 특히 그들에게 은근슬쩍 친근하게 행동해서 그들의 감정을 당신에게 전이하게 되면 그 효과가 더욱 커진다. 친한 친구처럼 행동하다 보면 어느새 정말 친한 친구가 될 수 있다는 얘기다.

□ 여섯. 협상할 때 설득력을 발휘하는 법

당신이 원하는 것을 협상을 통해 얻어내고자 할 때, 서로 모순되는 것처럼 보이는 두 가지 기술이 매우 큰 효과를 발휘한다. 문전박대 전략은 극히 비합리적인 제안으로 시작하는데, 이것의 목적은 일단 거절을 당한 뒤에 이어 내놓는 제안이 합리적인 것처럼 느껴지게 하는 것이다. 단계적 설득 전략은 상대방이 쉽게 동의할 수 있는 제안으로 시작한 뒤, 자신이 원래 목적하던 지점을 향해 나아가는 동안 지속해서 동의를 이끌어내는 것이다.

□ 일곱. 즉각적인 유대감을 쌓는 법

사람들은 자기와 비슷한 이들을 좋아한다. 당신과 그들의 공통점이 무엇인지 조사해서 그걸 강조하면 호감을 높이는 데 큰 도움이 된다. 별로 중요하지 않고 남들이 감지하기 힘들고 또 주변에 잘 알려지지 않은 공통점일수록 두 사람만 아는 분위기가 조성되기 때문에 효과가 더 좋다.

□ 여덟. 사람들의 신뢰를 얻는 법

신뢰는 시간의 흐름에 따라 차곡차곡 쌓여가는 가치다. 누군가를 자주 만날수록 그 사람을 더 신뢰하게 된다는 것은 어느 정도 사실이다. 이 말은 곧 얼굴을 자주 보이기만 해도 신뢰를 얻는 데 절반은 성공한 셈이라는 뜻이다. 따라서 누군가의 신뢰를 얻고 싶다면 가능한 한 자주 얼굴을 보여야 한다.

□ 아홉. 누군가의 측근이 되는 법

관계는 자극, 가치, 역할이라는 세 단계를 거쳐 진전된다. 누군가의 측근이 되기 위한 열쇠는 먼저 자기가 현재 우정의 어느 단계에 도달했는지 파악하고 사람들이 각 단계에서 바라는 요구 조건을 충족하는 것이다.

□ 열. 타인의 마음을 끄는 법

프랫폴 효과는 우리가 남들의 약점을 좋아한다는 사실을

...

입증한다. 프레젠테이션 자리에서 흠잡을 데 없이 완벽한 모습이 아니라, 약간 세련되지 않은 어설픈 모습을 보인다면 참석자들도 긴장을 풀고 편안한 기분으로 당신을 대하게 된다.

□ 열하나. 사람들에게 자신이 원하는 일을 시키는 법

리액턴스는 반심리학을 가리키는 멋진 용어다. 사람들은 어떤 일을 하라고 강요받으면 그와 반대되는 일을 하고 싶어 한다. 이런 성향을 당신에게 유리한 방향으로 활용할 수 있다.

□ 열둘. 모든 사람이 따르는 리더가 되는 법

세상에는 대부분 사람이 반응을 보이는 6가지 유형의 리더가 존재한다. 당신이 뭔가 설득하려고 하는 이들에게 가장 효과적인 리더 유형을 찾아내면 사람들의 순응도가 치솟는 것을 확인할 수 있다.

□ 열셋. 섣부른 판단과 가정을 피하는 법

누군가에 관해 아는 게 거의 없을 때는 예단과 가정을 하게 되며, 상황을 고려해서 자기가 옳다고 생각하는 내용으로 정보 공백을 메우려고 한다. 따라서 아는 게 많을수록 섣부

. . .

른 판단과 가정, 정형화된 생각을 피할 수 있는데, 이때 그 정보가 반드시 상황과 밀접한 관련이 있을 필요는 없다. 전반적으로 정보가 많을수록 입체적인 존재가 된다.

□ 열넷. 사람들이 당신에 가까이 있게 하는 법

사람들은 언제나 좋은 기분을 느끼고 싶어 하므로 당신이 그들의 기분을 좋게 만들 수 있다면 당연히 늘 옆에 두고 싶어 할 것이다. 긍정적인 태도를 보이고 상대방을 칭찬하는 등 직접적인 방식을 활용할 수도 있고, 아니면 사람들의 기분을 좋게 하는 것들과 자신을 연계시키는 간접적인 방법도 있다.

□ 열다섯. 신뢰와 신용을 얻는 법

권위와 신뢰, 객관적인 권리를 나타내는 아주 사소하고 미묘한 징후들을 통해 신뢰가 쌓이기도 하고 무너지기도 한다.

□ 열여섯. 다수의 동의를 얻는 법

사람들이 집단 역학에 관해 소극적이거나, 그것을 제대로 의식하지 못한다고 하더라도 결국에는 어쩔 수 없이 리더가 책임지게 되어 있다. 따라서 사람들은 대부분 추종자의 입장

이 되어 자기가 따를 수 있는 사람을 암암리에 모색한다. 그
러므로 당신이 리더에게 모든 노력을 집중하면 집단 내에서
손쉽게 다수의 동의를 얻을 수 있다.